Die Reise zum Glück
Glücksgefühl auch mit chronischer Erkrankung

Heike Führ

Heike Führ wurde 1962 in Mainz geboren, ist verheiratet und hat 2 erwachsene Kinder.

Sie setzt sich mit dem Thema „Multiple Sklerose" auseinander und führt zur Information darüber eine Webseite und eine gleichnamige sehr lebendig laufende Facebook-Seite. Seit 1994 ist sie selbst an MS erkrankt und hat bereits 6 MS-Begleitbücher geschrieben.

Führ ist eine ausgebildete Erzieherin mit vielen pädagogischen und psychologischen Fort- und Weiterbildungen. Sie belegte auch mehrere Kurse für „Yoga mit Kindern".

http://multiple-arts.com/
http://heikef.jimdo.com

INHALTSVERZEICHNIS

© 2015 Autorin Heike Führ
Webseite: http://multiple-arts.com/
E-Mail: heike@multiple-arts.com
http://kinder-entdecken.jimdo.com/
© 2015 Satz, Layout & Coverdesign:
Heike Führ

© 2015 Herstellung und Verlag:
BoD – Books on Demand, Norderstedt

ISBN: 9-783739-200897

Bibliografische Information der Deutschen Nationalbibliothek:
Die Deutsche Nationalbibliothek verzeichnet diese Publikation in der Deutschen Nationalbibliografie; detaillierte bibliografische Daten sind im Internet über http://dnb.d-nb.de abrufbar.

MIX
Papier aus verantwortungsvollen Quellen
Paper from responsible sources
FSC® C105338

Heike Führ

Die Reise zum Glück

Glücksgefühl, auch mit chronischer Erkrankung

GLÜCK

ist nicht eine Station,
bei der man ankommt,
sondern eine
Art zu reisen.

-M. Lee Runbeck-

DER WEG IST DAS ZIEL!

Liebe Leserin, lieber Leser,

Glück – ein Wort und tausend Emotionen.

Manchmal scheint das Glück greifbar nahe, manchmal so weit entfernt, dass man verzweifeln möchte.

Auf das Wort „GLÜCK" gehe ich noch gesondert ein. Hier stelle ich mir und Ihnen einfach die Frage, was wir eigentlich als Glück empfinden.

Sind es Momente und Augenblicke, sind es schöne Stunden, liebevolle Erinnerungen - sind es Begegnungen und Menschen, sind es Tiere, die uns glücklich machen, oder auch „Dinge"?

Ich selbst begegne diesem Wort sehr oft in meinem Leben. Vielleicht liegt es daran, dass ich seit 1994 an MS (Multiple Sklerose) erkrankt bin und dadurch auch schon sehr unglückliche Phasen hatte. Diese wiederum waren der Motor dafür, dass ich umso mehr die glücklichen Momente schätze. Das haben mir im Übrigen sehr viele chronisch Kranke mitgeteilt: wenn man selbst sehr viel Leid erfahren hat, kann man Glück umso mehr schätzen.

Vorweg möchte ich noch Folgendes betonen: ich versuche mögliche Beeinträchtigungen bei meinen Vorschlägen mit einzuplanen. Dies wird mir aber nicht immer gelingen. Ich bitte Sie deshalb schon jetzt, gnädig mit mir zu sein. MS zum Beispiel hat 1000 Gesichter und ich kenne wirklich viele, aber sicher nicht alle. Bei anderen chronischen Erkrankungen wird es wiederum zig Möglichkeiten, sehr unterschiedliche Symptome und Befindlichkeiten geben. Deshalb betrachten Sie

7

bitte dieses Büchlein als **Hommage an das Leben** – Sie können es so miterleben, wie es für Sie und Ihre eventuelle Beeinträchtigung passt.

Ich persönlich versuche, wann immer möglich, sogar im Glück zu „baden". Die Momente des Glücks einzufangen, zu halten und in die Zukunft zu transportieren – als tragendes Element, das mich über schwere Zeiten hinwegträgt.

In meiner Ausbildung zur Übungsleiterin „Kinder-Yoga" habe ich gelernt, dass man Glück „ankern" kann. In einem Moment tiefster Entspannung, in dem man sich sehr wohl fühlt, lässt man diesen besonderen Moment auf sich wirken. Man drückt dann Daumen, Zeige – und Mittelfinger aneinander und „verankert" dieses Gefühl mit dieser Geste in Gedanken. In schwierigen Situationen oder bei Stress kann man sich mit dieser „Handbewegung" dann einer Kurz-Meditation hingeben und dieses verankerte Gefühl wieder heraufbeschwören. Das bedarf sicherlich einiger Übung, aber ich habe es tatsächlich schon oft angewandt.

In diesem Büchlein möchte ich mit schönen Sprüchen, Bildern und Texten etwas Glück hervorzaubern. Ebenso wie mit schönen Rezepten und anderen Ideen. All diese Ideen sind sicherlich nicht „neu" - aber wenn man einmal bewusst solche Möglichkeiten und Ideen liest und wahrnimmt, was einen selbst glücklich machen könnte - dann hat man schon einen Moment des Glücks erlebt, weil man ihn bewusst wahrnimmt und als diesen anerkennt.

Und auch, wenn Sie nicht mit allen meinen Vorschlägen etwas anfangen können, vielleicht hilft Ihnen trotzdem die Vorstellung, sowie das Lesen und Genießen, um für sich einen Weg zu finden. Machen Sie es sich gemütlich …. Ist es eher winterlich, zünden Sie sich vielleicht eine Kerze an und setzen sich auf Ihren Lieblingsplatz, kochen sich einen Kaffee, Cappuccino oder Tee. Im Sommer suchen Sie sich vielleicht ein kühles Plätzchen mit einer frischen Limonade und tauchen Sie „gemütlich" ab.

Ich liefere auch viel „Theorie", die manchem Leser vielleicht etwas komplex erscheint. Aber ich denke, um wirklich zu verstehen und zu begreifen, was das Wort „Glück" bedeutet und wie komplex auch der Gesamtzusammenhang, sowie der Weg dorthin ist, ist es notwendig, auch die Hintergründe zu beleuchten.

Außerdem gönnen wir uns so häufig unser Glück nicht, verhindern es sozusagen selbst und stehen uns im Weg, ohne es zu merken. Um Bewusstsein dafür zu schaffen, sich selbst zu reflektieren und die eigene Wahrnehmung zu schulen – auch dafür soll dieses Büchlein gut sein.

Ich bin bei meinen Recherchen zu diesem Buch ebenfalls auf viel Neues und Wissenswertes gestoßen und habe selbst viele und unterschiedliche Anreize und Impulse erhalten. Und genau dabei geht es mir mit diesem Buch – es darf Ihnen ebenfalls Impulse verschaffen, inspirierend wirken und gut tun.

Ebenso notwendig zu erwähnen erscheint mir, dass ich weder ein Glücks-Forscher, noch ein Glücks-„Guru" bin, sondern lediglich ein sehr bewusst lebender Mensch, dem das Zufriedensein als äußerst wichtig und lebenswert erscheint. Auf Grund meiner sozialpädagogischen/psychologischen Ausbildung und dem „Arbeiten" mit Menschen (z. B. in Gesprächskreisen usw.) habe ich viel Lebenserfahrung gewonnen, die ich hier umsetze. Durch meine Homepage multiple-arts.com und die gleichnamige Facebook-Seite habe ich ebenfalls außerordentlich innigen Kontakt zu vielen Personen und bekomme dadurch hautnah viele Probleme und Lebenseinstellungen mit. Manchmal kann ich mit Rat und Tat zur Seite stehen, manchmal bin ich überfordert und noch ein anderes Mal MUSS ich lernen mich abzugrenzen.

Man kann das Buch „quer lesen", oder auch hintereinander.

Das sei Ihnen überlassen – denn eins ist sicher:
es soll Sie glücklich machen ☺

GLÜCK, was ist das?

Dafür müssen wir erst einmal das Wort Glück analysieren:

„Gelingen, Zufriedenheit, Bewältigung, Fortschritt, Erfolg, Seligkeit, Wonne, Herz erfreuend, angenehm, wunschlos, begünstigt…".

Das sind Begriffe, die mir erst einmal einfallen.

Und: Ist Glück nur Glück, wenn es anhaltend ist, oder auch, wenn es kurzfristig da ist?

Sicher ist, dass es ein Streben nach Glück gibt.

Das Wort „Glück" kommt von (lateinisch) „gelucke/ gelücke". Sinngemäß meint es „die Art, wie etwas endet und gut ausgeht".

Wenn man dies wortgetreu nimmt, wäre Glück sozusagen „der günstige Ausgang eines Ereignisses oder Zustandes".

Nicht beachtet wird hierbei, ob der Glückliche etwas dazu getan hat, vom Glück „bedacht" zu werden, ob er Ideen, Talente oder Können braucht, oder ob es sich um Zufälle handelt. Man kann sicherlich beides behaupten: einmal, dass äußere Umstände zu Glück verhelfen können, aber auch, dass man für sein Glück kämpfen muss.

Darüber kann man stundenlang philosophieren und entweder schlauer werden, oder noch verwirrter im Chaos des Glückes landen.

Zwei Gedanken kommen in mir hoch:

> 1.: Ich denke, ein selbstbestimmtes Leben führen zu können – das ist Glück.

> 2.: Gesund zu sein – das ist Glück.

- Punkt 1 umfasst im Prinzip all das, um das es bei diesem Büchlein geht.

- Zu Punkt 2: Menschen mit einer chronischen Erkrankung sind aber nicht gesund – aber sind wir deshalb unglücklich?

Ich behaupte: NEIN, wir sind nicht unglücklich. („Ausnahmen bestätigen die Regel"!).

Obwohl wir auf Grund dieser Erkrankung einer gewissen „Fremdbestimmtheit" unterliegen und die Lebensqualität messbar sinkt, können wir dennoch glücklich sein.

Und obwohl es wissenschaftlich erwiesen ist, dass es einen Zusammenhang und eine Wechselbeziehung zwischen Leib und Seele, zwischen Körper und Geist gibt (z. B. Herzklopfen bei Angst, aber auch bei freudiger Aufregung, Bauchschmerzen vor Aufregungen...), können wir glücklich sein, selbst wenn diese Mechanismen aus gesundheitlichen Gründen nicht mehr funktionieren.

Eine chronische Erkrankung hebelt viele Ebenen aus. Zum Teil völlig. Laut vielen Beschreibungen über Glück, dürfte kaum ein chronisch und unheilbar Kranker Glück empfinden. Also scheint das Glück doch vielschichtiger zu sein.

Was aber, wenn KRANKHEIT in ein beschauliches angenehmes Leben hinein platzt und Lebensträume nimmt und zerstört? Wo ist dann noch Raum für Glück?

Ganz sicher gibt es Menschen, die nicht glücklich sind, nicht glücklich sein KÖNNEN.

Aber hier rede ich vom „Otto-Normalverbraucher", der kein großes Unglück erlebte, bis er z.B. mit einer Diagnose wie MS konfrontiert wurde. Ich möchte und kann mich hier nicht mit dem Erleben von psychisch schwer kranken Menschen beschäftigen, denn das würde zu weit führen.

Im Allgemeinen betrachtet stoßen wir nun also an ein Wort, das aufzeigt, dass es eine Kunst ist, sein Leben auch dann noch zu meistern, wenn man nicht ununterbrochen glücklich oder auch nicht gesund ist: **LEBENSKUNST.**

Vielleicht besteht die Lebenskunst darin, aus jeder Situation das BESTE zu MACHEN.

Glück setzt manchmal eine Aktivität und eine ausfüllende Beschäftigung voraus. Welche Arten von Aktivität das individuelle Glück am besten fördert, ist sicherlich eine Sache der jeweiligen persönlichen Neigungen und Stärken. Auch eine gut entwickelte und trainierte Lebenskunst führt nicht zwangsläufig zu einem andauernden „Glücks-Erleben". Allerdings erhöht es aber die Häufigkeit des Glücks-Erlebens und verstärkt dessen Nachhaltigkeit.

Eine entsprechende gesundheitlich schwere Diagnose kann auch all dies ins Wanken bringen. Selbstdisziplin, Kraft und Stärke sind sicher gute Eigenschaften, um den ersten Sturm einer solchen Erkrankung zu meistern und zu überwinden und dann auch wieder mutig zum Glücks-Empfinden schauen zu können.

Wichtig ist, dass sich jeder selbst darüber klar wird, was ihn mit Freude und Zuversicht erfüllt, um zu seinem persönlichen Glücks-Empfinden finden zu können.

Die MS und andere Erkrankungen kann man leider oft noch nicht ausschalten. Aber man kann sich in diesem Zustand dann schöne und wohltuende Momente schaffen.

Gute Gespräche und Treffen mit Freunden, ein gutes Essen, ein Spaziergang/Ausflug, ein gutes Buch, tolle Musik und Vieles mehr können individuelle Glücksgefühle hervorrufen. Die SUMME dieser kleinen kostbaren Augenblicke machen dann wohl das persönliche Glücks-Empfinden aus.

Mir hilft es in schwierigen Phasen immer, mich dem Schreiben zu widmen. Man nennt solche Zustände, die mit einer konzentrierten Tätigkeit einhergehen, „Flow": eine Tätigkeit, in der man aufgeht und sich somit ein spezielles Glücksgefühl einstellen kann.

Für jeden Mensch, ganz besonders aber für chronisch Kranke, ist es deshalb wichtig, sich solch eine Flow-Tätigkeit zu suchen, bzw. sie zu finden.

Aber nicht nur gleichbleibende, sich wiederholende Erlebnisse sind wichtig für das Glücks-Empfinden, sondern auch neue abwechslungsreichere Erlebnisse sind notwendig.

Irgendwie scheint Glück auch etwas Allumfassendes zu sein. Der Sonnenstrahl auf der Haut, das Lachen eines Kindes, die Umarmung eines lieben Menschen, das Zuhören eines Freundes und seine Zuwendung und Mitgefühl.

Die Frage: „Und, bist Du glücklich?", ist zwar eine belanglose Frage, aber was fängt man damit an? Ist Glücklich-Sein nur so ein Ausdruck?

Ist Kaffee am Morgen Glück?

Das ist sicher teilweise individuell unterschiedlich. Ganz sicher ist eine Mutter nach der Entbindung glücklich, wenn sie ihr Kind in den Armen hält. Aber all dies sind „nur" Momente.

Also ist Glück doch die Summe wundervoller Momente? Und ist es so, dass man, je mehr man solche Glück bringende Augenblicke erlebt hat, auch umso intensiver Glück empfinden kann?

Glück ist ein innerliches Empfinden - das ist mir klar geworden und nicht ein von außen aufgestülptes „Etwas"!

Niemand kann einem Glück „einreden", so nach dem Motto: „Du hast gesunde Kinder, also sei glücklich!" So funktioniert es mit Sicherheit nicht. GLÜCK muss man selbst tief drinnen empfinden KÖNNEN.

Ich glaube, Glück ist aber nicht einzeln zu „haben", sondern im besten Fall ist es ein Zustand.

Für mich selbst würde ich sagen: ich bin glücklich! Trotz MS und der dadurch fehlenden Lebensqualität und den Einschränkungen; trotz des deutlich geringeren monatlichen Einkommens (Rente); trotz Verlust meines Jobs und der Erlangung der Erwerbsminderungsrente: ich habe Glück!

Ich habe Glück, nicht noch stärker von der MS betroffen zu sein. Ich habe Glück, nicht todgeweiht zu sein. Ich habe Glück, 2 tolle Kinder samt Partnern zu haben, einen tollen Ehemann, unseren süßen Hund und meine Familie und Freunde.

Ich habe Glück, dass ich schon 6 MS-Begleitbücher und weitere (Rezept-) Bücher veröffentlicht habe und auch gegebenenfalls Medikamente für meine Symptome habe. Ich bin glücklich, weil ich mir **bewusst** bin, dass ich viel Schönes erlebe, geliebt werde und lieben kann.

Ich bin glücklich, weil ich dies hier schreiben kann und es einige Leser auch lesen ☺

Unglücklich bin ich auch – manchmal, oder sogar des Öfteren.

Aber sicherlich gehört auch dies zum GLÜCKLICH-SEIN dazu, zeigt uns den Gegensatz und lehrt uns, das kleine Glück als großes GLÜCK empfinden zu können.

Deshalb ist es mir wichtig zu erwähnen, dass dieses Buch als Anregung gedacht ist – weder als Besserwisserei, noch als „medizinisches Handbuch". Es ist ein Büchlein, das sich mit dem Glück auseinandersetzt, damit sich der Leser auch selbst wieder einmal Gedanken um das Glück, um sich selbst und sein Leben machen kann.

Vielleicht ist das ein oder andere Schöne und Wertvolle dabei, vielleicht ist es interessant, oder einfach nur entspannend: Wichtig ist, dass Sie sich beim Lesen wohlfühlen und sich die Fähigkeit bewahren, sich für das Wunderbare zu öffnen.

Ich wünsche Euch Glück und viel Freude
und Genuss beim Lesen ☺.

„Man nehme 12 Monate, putze sie ganz sauber von Bitterkeit, Geiz, Pedanterie und Angst und zerlege sie jeden Monat in 30 oder 31 Teile, so dass der Vorrat genau für ein Jahr reicht. Es wird ein jeder Tag einzeln angerichtet aus einem Teil Arbeit und zwei Teilen Frohsinn und Humor.

Man füge drei gehäufte Esslöffel Optimismus hinzu, einen Teelöffel Toleranz, ein Körnchen Ironie und eine Prise Takt. Dann wird das Ganze sehr reichlich mit Liebe übergossen. Das fertige Gericht schmücke man mit einem Sträußchen kleiner Aufmerksamkeiten und serviere es täglich mit Heiterkeit."

Katharina Elisabeth Goethe (1731-1808) / Mutter von Johann Wolfgang von Goethe

GEDANKEN

und Recherchen

rund um das GLÜCK

Wie oft fragt man sich, ob Glück Sinn und Zweck hinter den eigenen Taten, oder denen anderer braucht.

Was sich bei Befragten immer ähnelt ist der Wunsch, gute Freunde zu haben und das Empfinden, dass man sie zum Glücklich sein braucht. Freunde bringen Freude und daraus kann dann Glück entstehen. Das bedeutet also, dass jeder auch nachhaltig glücklich sein kann, sein KÖNNTE.

Und die nächste Frage: Bekommt man Glück geschenkt?

Wissenschaftler behaupten beides: manchmal ist das Glück einfach da und manchmal muss Glück erlernt werden.

Die die Sozialpsychologin Professor Sonja Lyubomirsky von der University of California

(http://www.t-online.de/lifestyle/id_44881150/gluecksforschung-sechs-zutaten-fuer-das-persoenliche-glueck.html)

sagt, 50 Prozent unseres Glückspotenzials seien angeboren. Zehn Prozent seien den Lebensumständen zuzuschreiben. „Aber 40 Prozent des Glückspotenzials liegen in unserer Hand", meint sie und die Glücksfähigkeit könne erlernt und trainiert werden. Zum Beispiel, indem man Fehler als Lernerfahrungen deutet und den Blick auf Positives richtet.

Dies allerdings setzt dann vor allem eines voraus: man muss wissen, was man will um es erreichen zu können. NUR DANN können die oben erwähnten Taten für einen selbst Sinn und Zweck machen.

Soziale Kontakte gelten immerhin bei allen Wissenschaftlern als einer der vielen Schlüssel zum Glück.

Auch die Wichtigkeit von Sport, Humor, sinnvoller Arbeit, Gesundheit oder Sex werden als Schlüssel für ein glückliches Leben immer wieder betont.

Spezieller wird es, wenn es z.B. um die Fähigkeit geht, seine Zeit mit Bedacht einzuteilen. Denn diese oft so einfach erscheinende Aufgabe ist in dem Moment schwierig, wenn eine Person zum „Verzetteln" neigt, abschweift und nicht zum Punkt kommt. Hier kann wertvolle Zeit und somit auch die wertvolle Chance auf Zufriedenheit genommen oder „verschenkt" werden.

Ebenso schwierig ist dies, wenn jemand 3 Jobs hat, um überleben zu können. Beispiele wird es zu Hauf geben. Deshalb bin ich der festen Meinung, dass man keinen Rat pauschalisieren kann. Man kann Anregungen geben und das Bewusstsein schärfen ...

Dem Glück nah scheint jedenfalls derjenige, der das Bestreben hat, sich ein **lebensfrohes Wesen** anzueignen und anzutrainieren.

Weltweit gibt es eine einhellige Meinung zum Glück: wer die Fähigkeit besitzt, **sich als soziales Wesen zu erleben**, hat den Schritt schon in die richtige Richtung getan. Wichtig sei es, enge und verlässliche Bindungen und Beziehungen zu pflegen und (soziale) „Netzwerke" aufzubauen und diese ebenfalls zu pflegen. Erforderlich dabei ist, sich nicht wahllos „irgendwem" hinzugeben, sondern es sollten immer Beziehungsgeflechte sein, die einen auch selbst tragen und Themen darin vorkommen, die inspirieren und nicht ermüden.

Manche Glücksforscher sehen einen ersten Schritt im Glück mit folgenden „Zutaten" machbar:

- Einige gute, zuverlässige Freunde

- Gesundheit

- Arbeit, die zu den eigenen Fähigkeiten passt

- Eine stabile Partnerschaft

- Genügend Geld für Grundbedürfnisse

- Mindestens drei schöne Erlebnisse am Tag

- Dankbarkeit für all das

Aber auch dies ist nur die reine Theorie, denn nicht jeder Mensch kann jeden dieser Punkte für sich „abhaken". Als theoretische Voraussetzung wiederum scheinen diese Punkte logisch.

Gerade den letzten Punkt DANKBARKEIT halte ich persönlich für ganz wichtig.

Ich bin traurig, dass ich eine chronische und bislang unheilbare Erkrankung habe. Aber ich bin dankbar, dass sie mich so leben lässt, wie es momentan der Fall ist.

Ich bin dankbar, dass ich 2 (gesunde) Kinder habe, einen tollen Ehemann und einen wundervollen Seelenpartner: unseren Hund Smiley.

Ich bin dankbar für mein Leben, auch wenn es weder durch die nicht vorhandene Gesundheit, noch durch manch andere Umstände perfekt ist. Aber ich lebe und ich bin fähig zu genießen, mich zu freuen und lebendig teilhaben zu können. Mal mehr, mal weniger. DAFÜR - für dies alles - bin ich dankbar. Und somit bin ich glücklich. Manchmal sogar rundum glücklich. Auch MIT MS!

Mit Sicherheit hat jeder Mensch seine eigene und ganz individuelle „Glücksformel".

Fasst man die Erkenntnisse der Glücksforschung zusammen, kommen dennoch immerhin einige allgemeine Empfehlungen zu Stande:

> Wichtig ist, im Hier und Jetzt zu leben, den Augenblick zu genießen.

> Achtsamkeit (die ich ja gesondert noch beschreibe), sowie volle Konzentration auf das, was gerade passiert, ganz bei der Sache bleiben - und ohne dabei an etwas anderes zu denken – das erzeugt Glück.

Sich also Beziehungen zu anderen Menschen hin zu öffnen, ist ganz besonders wichtig, denn es ist (bis auf wenige Ausnahmen) bewiesen, dass sich Menschen am häufigsten und intensivsten glücklich fühlen, wenn sie mit anderen zusammen sind. Das muss nicht immer gleich Liebe sein – aber Kameradschaft, Freundschaft, Geselligkeit und eine „beste Freundin" haben, bleiben einfach das beste Mittel für „Glücksempfinden".

Sich auf das Wesentliche konzentrieren zu KÖNNEN ist ebenfalls einer der vielen Bausteine. Viele Menschen haben heutzutage die Möglichkeit, sich ein Leben nach ihren Wünschen zu gestalten und sich somit ihre Bedürfnisse auch direkt befriedigen zu können. Dabei geht der Blick auf das Wesentliche oft verloren.

Viele Menschen, oft besonders mit einer chronischen schweren Krankheit, haben dafür im Laufe der Jahre eher schon einen Blick, ein Gefühl bekommen. Ein GUTER (MS)-Tag kann schon so außergewöhnlich sein, dass man ihn als WESENTLICH erkennt und wahrnimmt. Somit entgeht man dem „Sich verzetteln im Überfluss" eher, als es evtl. einem völlig „satten" Menschen ergeht.

Krankheiten, wie die MS, haben uns sensibel gemacht. Sensibel für den wesentlichen Genuss. Sensibel für den Augenblick und für das Kostbare.

Allerdings gibt es auch unter chronisch Kranken genügend Personen, die genau dies nicht erlernt haben - so, wie es umgekehrt unter gesunden und „satten" Menschen die sehr empathischen und dankbaren Personen GIBT!

Auch hier kann man keine Verallgemeinerung begehen!

Des Weiteren gilt es als Glücksformel, sich nicht zu unterfordern - weder bei der Arbeit, noch in der Freizeit. Auf MS übertragen hat das natürlich Grenzen, die die jeweilige Beeinträchtigung steckt. Aber trotzdem müssen auch wir aufpassen, dass wir uns fordern. Dies ist besonders wichtig, da wir nicht stehen bleiben dürfen, uns nicht aufgeben dürfen und ein gesundes Maß an „Blick für unsere Grenzen" erlernen und bewahren müssen.

Das Ausreizen der eigenen Talente und Fähigkeiten führt bei allen Menschen zu glücklichen Momenten und macht stolz auf die eigene Leistung. Dies steigert wiederum unser Selbstwertgefühl, das sich möglicherweise und somit schneller mitten im Glück wieder findet. ☺

Während meiner psychologisch-pädagogischen Ausbildung habe ich gelernt, wie wichtig die eigene Einstellung ist. Wie sehr dies unser Tun und unseren Alltag beeinflussen kann — ja sogar unsere Gesundheit. Es ist bewiesen, dass „so tun, „als ob" man glücklich WÄRE", tatsächlich eine gewisse Zufriedenheit auslöst und bringt.

Ein Lächeln verändert tatsächlich unsere Stimmung - egal ob es ein echtes Lächeln ist oder nicht.

Manchmal lächle ich mir morgens auf dem Weg in die Küche zu. Innerlich und äußerlich. Die Lippen zu einem Lächeln zu verziehen signalisiert unserem Körper tatsächlich einen freudigen Impuls. Sich selbst zuzulächeln schadet prinzipiell nie. ☺

Sich in Gelassenheit zu üben, ist ebenfalls ein Indikator Richtung Glück.

Zu begreifen, dass sich das Glück normalerweise nicht in seiner Vollkommenheit erzwingen lässt – ist Loslassen! Los-Lassen von Erwartungen und der Ungeduld auf Besseres – was auch immer das wäre!

Verzichten - und Aufschieben können, sich nicht unablässig als „Nabel der Welt" zu sehen – das führt zu mehr Glück. In diesem Sinne würde Glück auch bedeuten, nicht von sich selbst besessen zu sein.

Also könnte man zusammenfassend zum Erlangen des Glückes Folgendes sagen:

- ➢ Den Schwerpunkt auf nahe Beziehungen setzen
- ➢ Selbst aktiv sein und beschäftigt bleiben
- ➢ Aufhören, sich zu viele Sorgen zu machen
- ➢ Sein Selbstvertrauen fördern
- ➢ Sich erreichbare Ziele setzen
- ➢ Die eigenen Erwartungen und Ansprüche reduzieren
- ➢ Einer bedeutungsvollen Arbeit nachgehen, die die eigenen Fähigkeiten ausfüllt
- ➢ Sich selbst treu bleiben - und bleiben, wie man ist
- ➢ Sein Leben in die Hand nehmen
- ➢ Offen sein für neue Erfahrungen und Veränderungen
- ➢ Die eigenen Fähigkeiten wahrnehmen und fördern
- ➢ Glück nicht mit Geld gleichsetzen
- ➢ Zeit in Gesellschaft verbringen
- ➢ Eine soziale Persönlichkeit werden, die Netzwerke schafft
- ➢ Der Liebe im Leben einen hohen Stellenwert geben
- ➢ Positiv und optimistisch über Gegenwart und Zukunft denken
- ➢ Aktiver werden und beschäftigt bleiben
- ➢ Ordnung schaffen
- ➢ Im Hier und Jetzt leben
- ➢ Dankbar sein und das Glück schätzen
- ➢ An das Glück glauben

➢ Sich eine positive und optimistische Einstellung in Bezug auf die Zukunft aneignen

➢ Den Glauben an sich selbst stärken

➢ Freude am Verschenken entdecken und bewahren

➢ Sich Erinnerungen an glückliche Momente bewahren

Manche Glücksforscher behaupten, dass das Rezept zum Glück damit in der eigenen Hand liege. Die eigene Zufriedenheit könne man somit aktiv steigern.

Wenn unsere Gedanken also der Schlüssel für ein zufriedenes Leben sind, ist es wichtig, dass wir nicht immer denken, dass es das Leben „nicht gut mit uns meine" und dass alle Menschen schlecht seien. Denn so würden wir uns automatisch in einer Abwärtsspirale befinden, da wir uns von Negativem beeinflussen lassen würden. Es könnte sein, dass wir das Positive nicht, oder nur verschleiert wahrnehmen und vielleicht deshalb auch nicht empfänglich dafür wären.

Prinzipiell haben wir die Freiheit zu entscheiden, wie wir mit unseren aufkommenden Gefühlen umgehen. Außerdem müssen wir lernen, immer zu bedenken, welche Außenwirkung wir haben und welche Körpersignale wir aussenden. Denn die Körpersprache verrät oft auf den ersten Blick mehr, als die Sprache mit Worten.

Wenn wir positiv, offen und selbstbewusst auf andere Menschen zugehen, signalisiert dies unserem Gegenüber, dass wir fähig sind, unser Leben in die Hand zu nehmen. Dies signalisiert Optimismus und Handlungsfähigkeit und wirkt motivierend auf den Anderen.

Zufriedene Menschen zeigen dies automatisch und unwillkürlich in ihrem positiven Auftreten. Sie sind anziehend, da sie fest verankert erscheinen. Da spielen körperliche Beeinträchtigungen interessanter Weise überhaupt keine Rolle. Was zählt, ist das tatsächlich „Verankerte" / das Erdverbundene, der Optimismus, das Gefühl und Wissen, dass alles seinen Sinn und Zweck hat. Solche Menschen wirken auch eher glücklich, als negativ Behaftete und notorische Nörgler.

Vielleicht erinnern Sie sich an eine Begegnung mit einem Rollstuhlfahrer, der sehr glücklich und geerdet wirkte und Sie „verwundert" festgestellt haben, dass er ja „gar keinen unglücklichen Eindruck" macht – das scheint nämlich das zu sein, was man eventuell erst einmal von einem im Rollstuhl Sitzenden „erwarten" würde. Seine Ausstrahlung war so vor Zufriedenheit strotzend, so selbstsicher, dass dies positiv aufgefallen ist. Genau dieses Beispiel zeigt, dass es immer auf die Ausstrahlung ankommt und nicht etwa auf eine NICHT-Behinderung.

Das heißt also, dass wir schon ein kleines bisschen die Wahl haben, durch die Kraft unserer Gedanken auf unser Leben positiv oder negativ einzuwirken und Einfluss zu nehmen.

Relevant ist hier auch die Einstellung zu anderen Menschen im Allgemeinen. Von jedem das Schlechteste anzunehmen, wird uns keine positive Ausstrahlung verleihen. Ein ewiger Sonnenschein ist genauso unglaubwürdig. Die Balance zu finden zwischen Freundlichkeit und kritischem Abwägen – das macht eine Persönlichkeit aus. Je authentischer dies in uns verankert ist, umso zufriedener und somit auch glücklicher werden wir sein und auch wirken.

Authentizität bedeutet auch, sich Problemen, die jeder von uns in seinem Leben hat, zu stellen; sie wahrzunehmen und sie auch gegebenenfalls zu benennen.

Man macht sich unglaubwürdig, wenn man alles immer nur als „fantastisch" darstellt. Je authentischer man ist – dazu gehört eine gute Eigenwahrnehmung, Ehrlichkeit und Offenheit und eine stabile Selbstreflektion – desto klarer und zufriedener werden wir nach außen wirken und uns auch innerlich fühlen: dies wäre der richtige Weg zum GLÜCK.

Selbstbestimmtheit verbunden mit Achtsamkeit ist scheinbar wirklich einer der Schlüssel zum Glück.

Noch ein paar Überlegungen zu „Erwartungen" – an uns selbst und an Andere: Überzogene Erwartungen werden uns nie glücklich sein lassen, denn wir würden immer hinter irgendetwas her hetzen. Wir könnten niemals ANKOMMEN, weil wir immer auf der Suche nach „Etwas" wären.

Das Los-LASSEN hat also scheinbar einen enormen Stellenwert auf dem WEG zum Glück.

Loslassen und geschehen lassen. Nicht zu viel erwarten, weder von sich, noch von anderen …. Unser Glück einfach einmal genießen, ohne die Angst aufkommen zu lassen, dass bei „zu viel Glück" das „dicke Ende" noch kommen würde.

Wir DÜRFEN Glück haben, wir dürfen es ungetrübt genießen und uns auch darin baden. Wir brauchen weder auf den „Schicksalsschlag" zu warten, noch uns schämen, dass wir Glück haben. Es ist, wie es ist.

Und: manchmal ist das Leben gerecht, manchmal ungerecht. Es wird glückliche, weniger glückliche und auch unglückliche Phasen geben. Wenn wir davon ausgehen, dass es keine "ausgleichende Gerechtigkeit" gibt, müssen wir uns auch nicht selbst werten und richten. Das ist doch auch ein interessanter Blickwinkel: wir müssen uns weder für unsere Macken, noch für unsere Freude bewerten. Wir „SIND" einfach … So ist das Leben.

Und ob wir Gewinner oder Verlierer sind, ist auch eine Art der Betrachtungsweise. Ich persönlich halte mich trotz MS für einen „Gewinner", weil mir so viel Gutes in meinem Leben zu Teil wird. Manch Gesunder hat kein so erfülltes Leben wie ich. Gesund zu sein, aber keinen Sinn im Leben zu spüren, fände ich noch viel schlimmer.

Eine unglückliche Kindheit allerdings und auch schwerwiegende Fälle, wie Missbrauch usw., sind solch schwerwiegende Fälle und können sicher nur ernsthaft von Fachleuten behandelt werden und nicht durch einen „Glücks-Tee" geheilt werden.

LÄCHELN

Lächeln als Wegweiser, als Start in den Tag.

Sich selbst am Morgen zuzulächeln - und sei es beim Anblick des eigenen Spiegelbildes auch noch so schwierig ☺ – dies ist trotzdem ein guter Beginn für einen gelungenen Start in den Tag.

Denn Lächeln bewirkt nicht nur eine Veränderung des Gesichtsausdrucks, sondern führt auch dazu, dass Endorphine im Gehirn produziert werden, die körperliche und seelische Schmerzen verringern und das allgemeine Wohlbefinden steigern. Das heißt, wenn wir uns selbst zulächeln – sei es in Gedanken oder unserem Spiegelbild - dann könnte es sein, dass die Botschaft in unserem Gehirn ankommt und dieses Endorphine ausschüttet.

Noch dazu kann sich einem Lächeln kaum jemand entziehen – zumindest, wenn es ein ehrliches Lächeln ist. Ein Lächeln ist meistens ansteckend und somit ein wundervoller Weg, um Fröhlichkeit und Wohlbefinden weiter zu geben.

Normalerweise ist das Lächeln ein Ausdruck der Freude. Es kann sowohl der Aufmunterung zur Kommunikation dienen, als aber auch ein unkontrollierter Ausdruck von Ängstlichkeit und Nervosität bedeuten. Natürlich gibt es auch beim Menschen negative Ausdrucksarten des Lächelns, wie z. B. ein „falsches (vorgetäuschtes) Lächeln" oder das „müde Lächeln". Aber um dieses Lächeln geht es uns definitiv nicht, wenn wir das Glück an sich erleben und herbeizaubern möchten.

Studien haben gezeigt, dass das Lächeln eine normale Reaktion auf bestimmte Stimulationen ist, die unabhängig von der jeweiligen Kultur agiert. Es ist keine lernbare Reaktion, sondern wird den Menschen schon von Geburt an mitgegeben. Bei Tieren wird ein Lächeln oft als Drohung verwendet (die Zähne zeigen) oder aber auch als Zeichen der Unterwerfung.

Auf jeden Fall gilt ein nettes Lächeln immer auch als entgegengebrachte Freundlichkeit.

Und was liegt uns auf dem Weg zum Glück nicht näher, als uns selbst und anderen mit Freundlichkeit begegnen zu wollen?

Wir freuen uns, wenn wir es zu einer möglichen „Entwaffnung" nutzen können, um eine freundliche Gesinnung zu offenbaren und unser Gegenüber für uns zu gewinnen. Das schafft man wirklich ohne Worte – eben mit einem Lächeln, das ernst gemeint ist.

Wenn es also tatsächlich so ist, dass wir unser Gehirn veranlassen können, Glückshormone auszuschütten, wenn wir uns selbst zulächeln - dann sollten wir diese Chance nutzen. Es gibt ein ganz einfaches Rezept: „Man verziehe die Mundwinkel nach oben...!" – schon haben Sie das fertige Lächeln. ☺

Positives Denken

„Positiv zu denken" sagt sich manchmal einfacher, als dessen Umsetzung in der Tat dann möglich ist. Und doch kann man es erlernen. Denn ein Negativ-Denker wird sich automatisch auch eher vom Glück entfernen, als auf es zuzusteuern.

Deshalb möchte ich dem „Positiven Denken" auch ein paar Zeilen widmen.

Wie immer sollen sie nur der Anregung dienen. Ein zwanghaftes Ausführen aller Vorschläge kann nicht gesund sein. Eine Anregung aber mit in den Alltag zu transportieren, sich ab und an daran zu erinnern – das macht Sinn.

Positives Denken wird oft als ein Konzept gesehen, das in Persönlichkeits- oder Motivationsseminaren, als auch in der entsprechenden Ratgeberliteratur Aufmerksamkeit erweckt und findet.

Im Grunde soll das „Positive Denken" den Anwendenden durch eine konstante positive Beeinflussung seines bewussten Denkens in seinen Gedanken, in eine dauerhaft konstruktive und optimistische Grundhaltung führen - um nachfolgend eine höhere Zufriedenheit und Lebensqualität zu erzielen.

Solange dies nicht mit „Geschäfte-Macherei", Zauber und merkwürdigen „Gebaren" vonstattengeht, ist ein genaues Hinschauen sicher nicht verkehrt: Denn wenn man sich einfach nur darauf besinnt, nicht alles immer gleich negativ zu sehen; seine Sorgen und Nöte zwar wahrzunehmen, aber den FOKUS mehr auf das POSITIVE im Leben zu richten - solange kann man nicht von „Gehirnwäsche" oder einem „Beeinflussen" reden. Das ist mir wichtig klarzustellen und zu definieren.

Mir geht es hier lediglich darum, mehr Bewusstsein für das POSITIVE zu schaffen – sich über das zu freuen, was man an Gutem hat und man den negativen Dingen somit einfach weniger Aufmerksamkeit, Zeit, Zuwendung und Raum gibt.

Wenn uns allein schon das gelingt – sich zum POSITIVEN mehr hinzuwenden, dankbar für all das Schöne und Gute zu sein, sind wir schon einen großen Schritt in Richtung „Positives Denken" und somit auch in Meilenschritten auf das GLÜCK hinzu gegangen.

Im Falle einer chronischen Erkrankung wie MS könnte das heißen: (als Beispiel meine eigene Dankbarkeit): ich habe zwar MS, ich muss mich mit ihr und den Umständen arrangieren, ABER ich bin dankbar dafür, dass ich es nicht noch schlimmer habe; ich bin dankbar dafür, dass ich 2 gesunde Kinder habe, einen tollen Ehemann und meinen süßen Hund Smiley. (Ich wiederhole bewusst diese Faktoren im Buch immer wieder, da ich sie mir im realen Leben auch immer wiederholt vorsage!!! **Dazu möchte ich Sie ebenfalls ermutigen.** Sich die positiven Dinge in seinem Leben wie ein Mantra immer mal wieder vorzusagen, führt irgendwann dazu, dass man sich deren noch bewusster wird und sie somit auch besser verinnerlichen kann).

Ich fokussiere mich wirklich so oft wie möglich auf diese schönen Dinge. Dass ich trotzdem meine schlechten Phasen habe, weine oder mit mir und den Umständen hadere, ist ebenfalls normal.

Wahrnehmen heißt ja auch, dass man alles sieht. ALLES – dazu gehört eben auch das Negative und Unschöne. Aber je weniger ich dem Negativen Raum in meinem Leben lasse und gebe, je mehr ich mich über die schönen Dinge freue, umso positiver werden meine Gedanken. Das wird jeder von sich aus den unterschiedlichsten Situationen kennen.

Die neuere Hirnforschung gibt tatsächlich Anhaltspunkte dafür, dass gewohnheitsmäßige Denkmuster mittel- und langfristig Auswirkungen auf unsere Gehirnaktivität haben. Das heißt, man kann sein Gehirn so trainieren, dass ein positives Denken fast schon zur Gewohnheit werden kann.

(Quelle und Anregungen dazu: Wikipedia.de)

Was ist das Gegenteil von Glück?

Ist es einfach nur "UN-Glück"?

Ich bin bei meinen Recherchen ganz oft darauf gestoßen, dass es gar nicht eines Unglücks bedarf, um unglücklich zu sein. Denn dieses Wort scheint schon den „Super-Gau" des nicht Glücklichseins zu bedeuten.

Also beginnen wir am Anfang - bevor es zum UNGLÜCK kommt.

Sehr oft wurde mir berichtet, dass allein schon die ERWAR-TUNGS-HALTUNG an ein Erlebnis oder an einen Menschen zu großem NICHT-Glücklichsein führen kann – wenn nämlich diese nicht erfüllt wird.

> **Erwartung** steht für die Annahme, was ein anderer oder mehrere andere tun würden oder sollten.

Erwartungen schauen also immer nach vorne, sie sind zukunftsgerichtet und wir erhoffen uns „irgendetwas". Ob dies realistisch ist, oder völlig abwegig – das spielt erst einmal keine Rolle.

Erwartung kann Freude, Vorfreude, Spannung und Aufgeregtsein in uns auslösen und uns beflügeln.

Umgekehrt kann uns eine übersteigerte Erwartungshaltung aber auch ausbremsen und deprimieren, uns lähmen und somit gar nicht erst zum Weg des Erwartens an sich führen.

Wird eine Erwartung enttäuscht, dann wird diese meist geändert, in einigen wenigen Fällen aber auch aufrechterhalten.

Zwei „Erwartungen" werden in der Soziologie unterschieden:

➢ Die „*Adaptive Erwartung*", bei der man seine bisherigen Erfahrungen nutzt, um seine Erwartungen zu bilden.

➢ Die „*Rationale Erwartung*", bei der man alle verfügbaren Informationen benutzt, um seine Erwartungen zu bilden.

Außerdem gibt es noch den Begriff der „Erwartungs-Erwartung": jede Erwartung ist automatisch eine Haltung. Die Verdopplung des Ausdrucks verstärkt den Wortsinn jedoch nicht, daher verwendet man bevorzugt und umgangssprachlich den Begriff "Erwartung".

Jeder geistig gesunde Mensch hat sozusagen eine „soziologische Mitgift" mitbekommen – das heißt, er ist in der Lage, durch Beobachten und Lernen vorauszuschauen. Dies allerdings führt ihn schnell zu seinen sozial geprägten Erwartungen, die alle – vage oder verfestigt – sein soziales Handeln bestimmen und prägen. Dies reicht von alltäglichen Verhaltensweisen bis hin zu seinen Sozialstrukturen oder auch Religionen.

Außerdem umfasst die Erwartungshaltung auch immer die Vermutungen eines Menschen, oder einer Gruppe über das, was ein Gegenüber zu tun hat. Danach wird beurteilt, wie eine Person seine soziale Rolle ausgestaltet.

Eine **Rollenerwartung** bezeichnet die „gesellschaftliche Erwartung an das Verhalten von Menschen in der sozialen Interaktion". Das bedeutet, man erwartet schon von vorneherein gewisse Verhaltensweisen bei bestimmten Personen.

Sei es die Rolle, die man zum Beispiel an sich selbst als Mutter/Vater stellt, oder als Freundin/Freund, oder auch an sein Gegenüber im jeweiligen Beziehungsgeflecht.

Die Erwartung, die Eltern an den Lehrer haben, gehört genauso dazu, wie die Erwartung an den Busfahrer oder die Verkäuferin und umgekehrt an den Kunden.

Es ist spannend, auf welche soziologischen und psychologischen Erklärungen ich gestoßen bin (hauptsächlich über Wikipedia.de). Diese vielfältigen Erklärungen würden hier zu weit führen, aber wenn uns klar ist, was ERWARTUNG ist, WAS wir damit verknüpfen und ERWARTEN, dann ist uns auch schneller erklärbar, dass die fast schon vorprogrammierte Enttäuschung mit einer geht / gehen kann.

ERWARTUNG kann Beziehungen stabilisieren, kann ein Motor sein und oft auch - geradezu Beginn einer neuen Beziehung - mit der rosaroten Brille verklärt sein, aber sich darüber auch wieder ausbalancieren.

Genauso kann die Erwartung aber auch Beziehungen zerstören, da der andere niemals die Erwartungen seines Partners erfüllen KANN.

Dies gilt für Liebesbeziehungen gleichermaßen wie für Freundschaften, andere soziale Kontakte und auch in beruflichen und offiziellen Angelegenheiten.

Wenn der Gutachter nicht meine Erwartung erfüllt, wenn mich der Taxifahrer an den falschen Ort fährt – hier werden meine Erwartungen ebenfalls enttäuscht.

Ohne Erwartungserwartung kann er nicht wissen, wie er sich selbst verhalten soll. Das macht soziale Systeme komplex. Damit Kommunikation gelingt, müssen die Teilnehmer nicht nur Erwartungen, sondern auch Erwartungserwartungen bilden, also wissen, welche Erwartungen der anderen Teilnehmer zu erwarten sind.

Auf diese Weise kann die Handlung des einen an die Handlung des anderen anschließen, das System ist stabil.

(Ein Beispiel: A und B begegnen sich im Treppenhaus und grüßen einander. A erwartet, dass B ihn grüßt, und B erwartet, dass A den Gruß erwidert. Aber A muss auch erwarten, dass B erwartet, zurückgegrüßt zu werden, so wie B erwarten muss, dass A erwartet, zuerst gegrüßt zu werden. Ohne Erwartungserwartung des jeweils anderen bleiben die eigentlichen Erwartungen von A und B unerfüllt.) / (angelehnt an Wikipedia.de)

Da sich eine **Erwartung** auf die Annahme eines zukünftigen Ereignisses bezieht, kann die damit verbundene subjektive Wahrscheinlichkeit dabei unterschiedlich sein. Jeder nimmt aus seiner Perspektive etwas (anders) wahr; jeder bringt seine Lebens-Erfahrung, seine Kindheitsgeschichte und Prägung mit – das alles wird in die Erwartung hinein projiziert.

Eine Erwartung kann sich also sowohl auf das Verhältnis der eigenen Person zum Verhalten des anderen beziehen, als auch auf das Verhältnis des eigenen Verhaltens auf unmittelbare oder mittelbare Folgen; auf die Frage, von wem oder was das Eintreten gewünschter Ereignisse oder Ergebnisse abhängt und auf die Frage, was die Ursachen für ein bestimmtes Ergebnis sind.

Hier wird also klar, dass eine Erwartungs-Haltung sehr komplex ist.

Ein psychisch gesunder Mensch wird immer mit Erwartungen spielen, sich mit ihnen auseinandersetzen und auch mit entsprechenden Folgen rechnen. Ein psychisch kranker oder labiler Mensch hingegen kann bereits eine Angst vor der Erwartung aufbauen, bevor er mit dem eigentlichen Prozess der Erwartung begonnen hat. Diese Angst kann dazu führen, dass er keine Erwartungen mehr an sich selbst und/oder Mitmenschen stellt und er in einer Depression versinkt.

Gerade chronisch Kranke sagen es so „dahin": „Ich erwarte nichts mehr vom Leben..." – „Es hat mich schon zu oft enttäuscht!". Sicherlich ist das eine Art Selbstschutz, aber motivierend auf dem Weg zum Glück kann dies nicht sein.

Wenn wir uns also klar und deutlich machen, DASS wir eine von ERWARTUNGEN geprägte Spezies sind, dass Erwartungen zu einem normalen Leben ebenso dazu gehören, wie auch Enttäuschungen, dann kommen wir schneller in der Realität an und können uns schneller mit der JETZT-Situation arrangieren, auseinandersetzen und somit einen Weg HINAUS finden.

Das Bewusstsein dieser Zusammenhänge hilft uns, unseren individuellen Weg zu finden.

Nur so können wir uns besser verstehen. Uns selbst, aber auch unser Gegenüber – denn derjenige hat ebenso Erwartungen an UNS SELBST!

Erwartungen sind also immer ein Wechselspiel und in einer Interaktion „gegenseitig"!

Dies ist auch der Grund, WARUM ich auf das Thema „Erwartungen" noch einmal gesondert eingegangen bin. Mir geht es immer wieder so, dass ich VERSTEHEN muss, was gerade abläuft, oder auch ablaufen KANN. Dieses Verstehen hilft mir zu begreifen und auch loszulassen. Loslassen bedeutet nämlich auch immer, den anderen SEIN zu LASSEN.

Und genau das („Lassen") ist wohl das Wichtige an jeder Interaktion – ob beruflich oder privat.

Und passend zum Thema Achtsamkeit, das ich auch noch gesondert behandle, können wir diese Erkenntnisse dann verknüpfen – wenn wir schon mal die Erwartungen an uns selbst eventuell hinunter schrauben, sie auf jeden Fall aber mit Abstand beobachten und es schaffen, Vieles einfach sein zu LASSEN - dann sind wir achtsam, uns selbst gegenüber. Dann schaffen wir es auch, die Achtsamkeit auf andere auswirken zu lassen.

Man muss sicherlich nicht allen Erwartungen aus dem Weg gehen, um bloß keine Enttäuschung zu erleben, aber man kann sich selbst und sein soziales Gefüge reflektieren, gelassener werden und an sich arbeiten, um eventuelle Enttäuschungen besser zu verkraften. Eine Gratwanderung also – wie so Vieles im Leben!

Dafür muss man eventuell auch alte Gefüge durchbrechen, Traumata auflösen und sich auf neue Wege begeben – aber mit Sicherheit lohnt sich dieser Weg!

Wissen ist Macht – das war schon immer so. Das Wissen um dieses komplexe Gefüge rund um die Erwartungen – das ist wichtig und einer der Schritte in Richtung Glück.

OPTIMISMUS

Da ich ja ein großer Optimist bin und mir dieses Lebens-Gefühl, diese Lebens-Eistellung, unweigerlich und ohne mein spezielles Zutun schon in vielen Lebenslagen geholfen hat, war es mir ein Anliegen, das Wort ebenfalls einmal näher zu beleuchten. Denn ein optimistischer Mensch hat es meistens einfacher im Leben.

Vielleicht hatte ich das Glück, schon als Optimist geboren worden zu sein, vielleicht wurde es mir vorgelebt, und/oder ich habe irgendwann aus alledem eine Schlussfolgerung gezogen und mich dem Optimismus automatisch zugewandt ... Vermutlich ist es eine Mischung aus allem, gepaart mit meiner fundierten psychologischen und pädagogischen Ausbildung.

Ganz sicher ist es das ERLEBEN all dessen, dass es mir gut geht, wenn ich optimistisch bin. Dies konditioniert sich sozusagen im Gehirn und lässt sich in neuen Situationen, die des Optimismusses bedürfen, dann auch wieder abrufen.

Optimismus (lat.: *optimum*, „das Beste") ist eine Lebensauffassung, in der die Welt oder eine Sache von der besten Seite betrachtet wird. Er bezeichnet allgemein eine heitere, zuversichtliche und lebensbejahende Grundhaltung, sowie eine zuversichtliche, durch positive Erwartung bestimmte Haltung angesichts einer Sache hinsichtlich der Zukunft... Die gegenteilige Auffassung ist der Pessimismus. (Quelle: Wikipedia.de)

Und hier finde ich mich tatsächlich wieder. Meine lebensbejahende Grundhaltung hat mich schon in manch einer Situation „gerettet" – nicht zuletzt bei der Diagnosestellung MS!

Wichtig ist bei allem Optimismus allerdings immer, dass man nicht einem ungeprüften Optimismus zum Opfer fällt, der völlig an der Realität vorbei geht. Das wäre weder gesund noch sinnvoll. Der gesunde Optimist versucht vermutlich eher, aus den Umständen, die ihm passieren, oder die er erlebt, das Beste und Schönste heraus zu suchen – sich anzupassen (!) und sich mit diesen Umständen zu arrangieren.

Dabei wird er allerdings nicht die eventuelle Ernsthaftigkeit oder Tragik einer Situation aus den Augen verlieren. Eine chronische Erkrankung nicht wahrnehmen zu wollen, könnte verheerende Folgen haben: Wenn ein Diabetiker keine Medikamente nimmt, sich nicht mit Insulin versorgt, oder sich zu viel Insulin verabreicht – kann das tödlich enden. Deshalb ist es mir wichtig, diesen Unterschied zwischen gesundem und übertriebenem Optimismus heraus zu stellen.

Positiv nach vorne zu schauen und das MIT einer Belastung wie z.B. MS: das ist für mich Optimismus. Sich möglichst nicht unterkriegen zu lassen, den Umständen die Stirn zu bieten, gegebenenfalls auch zu kämpfen und doch lebensbejahend zu bleiben!

Solche Umstände nicht wahrzunehmen, sie zu verdrängen oder als „nichtig" abzutun, kann körperliche und seelische Folgen haben.

Sich diesen Gegebenheiten zu STELLEN und TROTZDEM nach vorne zu schauen – das ist gesunder Optimismus!

Umso Spezieller ist es also mit dem Optimismus und Menschen, die z.B. eine Behinderung haben. Menschen, die durch äußere Umstände vermeintlich keinen Grund zum Optimismus haben und deren „Behinderung" nicht behoben werden kann.

Da auch behinderte Menschen „handelnde und leistende Subjekte in einer Gesellschaft" sind und immer auch als gleichwertig beachtet werden sollten, besteht nämlich auch hier ein Grund zum Optimismus – zum Weiterleben, an Teilhabe an der Gesellschaft und an Teilhabe am LEBEN!

Psychologische Wissenschaftler sind sich noch uneinig, ob eine optimistische Grundhaltung von den Lebensumständen abhängt oder ob eine stabile Persönlichkeitseigenschaft notwendig ist.

Denn viele Menschen sind wie oben erwähnt nicht nur optimistisch, sondern unrealistisch optimistisch: Sie erwarten das Unmögliche, oder sie erwarten, mehr positive als negative Erlebnisse zu haben als der Durchschnitt.

Wenn Optimisten übermütig werden und sich gefährliche Dinge zutrauen, ist dies natürlich ebenfalls scharf an der Realität vorbei gedacht und kann ebenso verheerende Auswirkungen haben.

Sicher ist, dass Optimisten besser Stress bewältigen können und somit wundert es auch nicht, dass sie in der Regel gesünder als Pessimisten sind.

- Ein großer Unterschied zwischen Pessimisten und Optimisten ist, dass Pessimisten Fehlschläge, die sie in einem bestimmten Bereich hinnehmen müssen, ins **Allgemeine** übertragen, während Optimisten durch einen Fehlschlag in einem bestimmten Bereich andere Bereiche ihres Lebens unbeeinflusst sehen.

Ganz sicher ist es nicht leicht aus einem geborenen Pessimisten einen Optimisten zu zaubern ... Aber auch hier gilt: das Bewusstsein, die Erkenntnis und schließlich das WISSEN, dass man Optimismus bei anderen und sich selbst erkennen kann und optimistisches Verhalten auch erlernen kann – ist der erste Schritt in Richtung Hoffnung, Zufriedenheit und Glück.

Hier habe ich noch einen „Klassiker" zum Veranschaulichen: „Ist das Glas halb VOLL, oder halb LEER?"

Glück und unser Körper

Glück scheint ansteckend zu sein - das ist doch einmal etwas Positives. So oft wir uns vor Ansteckung fürchten – hier sollten wir sie suchen.

Und ganz ehrlich: wenn man sich in der Nähe von fröhlichen und glücklichen Menschen befindet, schwappt dieser Zustand tatsächlich über und steckt an. Missmutig zu sein, wenn neben Dir andere Menschen vor Glück jauchzen, ist schwierig. Sich mitreißen zu lassen, zu lachen und eine gewisse Leichtigkeit zu verspüren - das tut gut; auch dem Missmutigen. (Schwer Depressive leider meist ausgeschlossen).

Wissenschaftlich wurde festgestellt, dass ein glücklicher zufriedener Mensch ein positives Wirken auf sein Umfeld hat: egal ob es auf den Partner ist, auf Freunde, Kollegen und sogar Nachbarn! Denn das Gefühl von Glück kann sofort in ein kollektives Gemeinschaftsgefühl übergehen, als Kettenreaktion sozusagen. Eine Person, die eben noch mit fröhlich gesinnten Menschen zusammen war, wird dieses Hochgefühl mit nach Hause nehmen und seine Mitbewohner damit infizieren. Und somit wird aus einer einzigen glücklichen Person ein Kreis von Glücklichen, aus dem Ich wird ein WIR – in Zufriedenheit.

Man weiß, dass das Gehirn bis ins hohe Alter hin lernfähig ist. Es speichert traurige, aber auch glückliche Erlebnisse.

Die negativen Erlebnisse hinterlassen natürlich ebenfalls Spuren im Gehirn, nämlich die von Angst und wenig Zuversicht. Wir blockieren uns aber damit selbst – das muss uns klar sein. Wenn wir aber ein Eintauchen in unsere Ängste schaffen, genauer hinschauen und dann damit abschließen, haben wir Chancen, aus dieser „Kettenreaktion" wieder heraus zu kommen.

Neurologisch betrachtet ist das Vorgehen sehr interessant: Die „Kontakt-Stellen" zwischen den einzelnen Nervenzellen nennt man Synapsen. Bei einem Lernvorgang verstärken sie sich und es werden neue Nervenbahnen gebildet (bereits bestehende werden mit einer Schutzschicht – Myelin- stärker umhüllt). Das wiederum lässt es zu, dass sich die Signale schneller weiterleiten lassen. Die Verknüpfung der Zellen wird somit stärker, was bedeutet, dass wir unser Gehirn programmieren können. Wenn wir nun also unser Gehirn auf diese Weise beeinflussen können, macht es Sinn, unser eigenes Glücks-Level verändern, bzw. anheben zu wollen.

Diese wissenschaftliche Erklärung macht deutlich, dass wir definitiv in der Lage sind, unser Gehirn umzuprogrammieren und es ebenfalls schaffen, auch negative Erfahrungen zu überschreiben, zu überlisten!

Und wenn wir dies schaffen und einmal tief in uns gehen und überlegen, warum wir im Laufe des Lebens unser Glücks-Niveau scheinbar begrenzt haben, eröffnen sich ganz neue Welten für uns.

Diese Fähigkeit zum „Umbau im Gehirn" nennt sich übrigens Plastizität.

Wir sollten uns immer wieder von neuem bewusst machen, dass wir tatsächlich auf der körperlichen Ebene (Gehirn und Nervenzellen) fähig sind, etwas für unser Glück zu tun. Den Umbau in Angriff zu nehmen bedarf nicht eines großen Architekten – es bedarf nur unseres Willens, mutig und forsch mit dem Umbau zu beginnen. Stein auf Stein, „Synapse an Synapse". ☺

Auch dürfen wir lernen, uns zu *erlauben* (!) glücklich zu sein: zu juchzen vor Freude, zu weinen vor Glück, zu schreien vor Aufregung… Ekstase spüren, wilde tiefe Fröhlichkeit, längst vergessene Gefühle – sie sind da, wir müssen sie nur herausholen und ans Tageslicht befördern und aktivieren und vor allem zulassen.

Wir haben verlernt, wie kleine unbedarfte Kinder das Glück ungetrübt zu sehen und zu genießen: eine Seifenblase zu bewundern, wie sie leicht und glitzernd schwebt, genussvoll einen Lutscher zu lutschen und das darin enthaltene Brausepulver auf der Zunge kitzeln zu lassen, einen Hügel hinab zu rennen, sich im Gras zu wälzen und barfuß die feuchte Erde zu spüren …

Also auf ins Glück, trainieren Sie Ihren Weg zum Glück, fordern Sie Ihre Synapsen heraus – denn das ist nichts anderes, als wenn Sie beim Sport Ihre Muskeln trainieren und stärken! ☺

Noch ein paar Ideen,
um zu sich selbst zu finden

➤ Wichtig ist es, sich selbst zu reflektieren. Nur wenn man immer wieder ernsthaft sich selbst beobachtet UND reflektiert, kann man zu seinem eigenen Ich den beständigen Kontakt aufbauen und HALTEN"

➤ Liste: 10 Dinge aufschreiben, die Du an Dir ok findest! Denn: DU BIST OK!

➤ Bei einem Gedanken-Karussell: bis 10 zählen, bewusst einatmen und ausatmen! Solange wiederholen, bis Ruhe in die Gedankenkreise eingekehrt ist...   (auch so programmiert man das Gehirn)

➤ Den Mut haben, seine Gefühle zu zeigen – d.h., seine Maske ablegen: das spart Energie, denn Gefühle zu kontrollieren, ist auf Dauer anstrengend. Dies setzt Energien frei für das Gefühl von Glück und ist äußerst erlösend

➤ 1-Minute-Meditation praktizieren: Augen schließen und in Gedanken von Kopf bis Fuß wandern und wieder zurück – eine einzige Minute NUR für UNS SELBST!

➤ Hinspüren, wo man Glück IM Körper empfindet ... Dieses als Ressource nutzen, und dann an diesen Stellen andocken, wenn man merkt, dass eine Situation zu kippen droht...- Hinspüren an genau die Körperstelle, die für das Glück empfänglich ist... den Knoten lösen

➢ Kind-sein – glücklich sein… sich immer wieder einprägen und überlegen, wie ein Kind die Situation sehen würde…

➢ Versuchen, sich mit dem „kleinen inneren Kind" von damals, das vielleicht oft traurig war, oder schlecht behandelt wurde, zu versöhnen, es anzunehmen, ihm Trost zu spenden und es somit wieder stärker werden zu lassen…. Das schafft Frieden, Freiheit und Gelassenheit auf dem Weg zum Glück

➢ Im Hier und JETZT leben, nicht zu viel grübeln – sich an dem Moment erfreuen.

(Mir hilft es auch, alles mal aus der Perspektive meines Hundes zu sehen: ich lerne viel von ihm: sich keine allzu großen Sorgen über ein Nachher machen, das Gras beobachten, dem Schmetterling hinterherschauen…).

➢ Reizüberflutung abschalten – sei es das Handy, das Laptop, das Tablet, oder andere Quellen – einfach im wahrsten Sinn des Wortes den Notstecker ziehen, bevor es uns wirklich schlecht geht …

➤ Vergeben ist so wichtig – für das Gegenüber und uns selbst ... Es erlöst ... .macht frei und die Gelassenheit kann zurückkehren

➤ Situationen, die uns belasten: verlassen! Wir müssen Verantwortung für unser eigenes Tun, übernehmen, Entscheidungen treffen und lernen, Dinge hinter uns zu lassen

➤ Jeden Morgen sich selbst neu sagen: „Ich möchte heute glücklich sein!". Gerne auch mehrfach wiederholen – die Synapsen werden tanzen und sich ihr Glück suchen und uns somit dabei helfen

➤ Und wieder ist dies alles wie eine Kettenreaktion – das Umfeld reagiert auf unsere authentischen Gefühle und wird auch gelassener

➤ Sich klar machen, dass man das Glück sowieso NUR in sich SELBST findet ... Sich besinnen auf das Schöne und auch das Liebenswerte an einem selbst... Nicht nach außen schauen und dort das Glück suchen ... In uns selbst muss Zufriedenheit sein

➤ Glück verschenken durch: Zuhören, Hilfe anbieten, Zeit schenken, auch einmal eine „Sache" verschenken und liebe Menschen damit überraschen

➤ Auch unerwartete Pausen annehmen und sie als Zeit zum Kraftschöpfen nutzen

GLÜCKS-REZEPTE

1.)

Liste erstellen

In vielen Lebenslagen wird empfohlen, eine Liste der Dinge zu erstellen, die einem wichtig sind. In unserem Fall des „GLÜCKS" ist es mit Sicherheit sinnvoll und wohltuend, mal eine Liste zu erstellen, was MICH selbst glücklich macht.

Ich kann das wirklich nur jedem empfehlen und vielleicht ist dies eine gute Übung und ein guter Start, um zu lernen, sein Glück zu SEHEN, es wahrzunehmen.

Man kann die Liste auch in 2 Spalten teilen:

- was macht mich glücklich?
- Was macht mich unglücklich?

Es ist genauso möglich, es unsortiert aufschreiben, wie eine Art „Brainstorming" und anschließend zu sortieren. Sie können sie am PC oder mit der Hand schreiben. Wichtig ist, dass es ihnen gut tut.

Denn so wird man sich wirklich bewusst, wie viele glückliche Momente man tatsächlich hat und er-LEBT.

Hilfreich könnte für einen doch recht ungewohnten Anfang sein, wenn man es sich einfacher gestaltet, indem man vielleicht „vorne", am Anfang eines Tages beginnt.

Mich macht z.B. schon das Duschen mit warmen Wasser glücklich (auch in dem Bewusstsein, wie viele Menschen diesen Luxus nicht haben).

Das freudige Begrüßen meines Hundes am Morgen und der erste Cappuccino am Tag lösen zum Beispiel in mir Glücksgefühle aus. Diese Liste könnte ich endlos fortsetzen.

Dies sind nur Beispiele, damit Sie gegebenenfalls einen Anfang finden. Jeder wird Glück immer wieder anders empfinden.

Das hängt auch immer eng mit der Vorgeschichte eines jeden Menschen zusammen.

Ich möchte hier niemandem Glück „überstülpen", das wäre anmaßend – aber vielleicht kann ich Ihnen kleine Wege und Tore öffnen und Impulse anbieten ☺

2.)

Man kann sich ein schönes Bonbon-Glas oder eine Vase mit guten Wünschen, schönen Erlebnissen und Andenken füllen.

Die Idee, die dahinter steckt, ist simple: oft ist man traurig, depressiv, ängstlich, oder ohne Hoffnung.

Das sind, solange sie nicht bedenklich abrutschen, normale Gefühlsschwankungen eines Jeden und bei chronisch Kranken tritt dies noch gehäufter auf. Verständlicher Weise, denn sie müssen tagtäglich mit den Symptomen und Beeinträchtigungen der Krankheit umgehen. Manchmal gelingt dies besser, manchmal schlechter. Aber im besten Fall hat jeder auch seine guten, schönen und außergewöhnlichen Erlebnisse, Situationen und Gefühle.

Momente und Augenblicke voller Genuss, Glück und Zufriedenheit. Wenn man sich deren bewusst wird, sie sich auch bewusst macht, dann kann man versuchen, sie fest zu halten.

Manche Situationen kann man per Foto festhalten, andere nur in Gedanken. Und jeder wird es kennen, dass schöne Erlebnisse auch nachhaltig gut tun und sogar prägen.

Um sich für die nicht so guten Tage einen Vorrat an Glücksmomenten zu schaffen, wird von Psychologen empfohlen, sich diese aufzuschreiben.

Man kann sie auf bunte Papierchen schreiben, man kann diese verzieren, oder auch bemalen. Wenn man diese Zettelchen dann in das dafür vorgesehene Bonbon-Glas steckt, kann man sich im Laufe der Zeit viele glückliche Momente sammeln und in Erinnerung bringen.

Es wird empfohlen, wenn einem der Einstieg schwer fällt, abends damit zu beginnen: man kann den Tag Revue passieren lassen und sich einen oder mehrere schöne Augenblicke und Situationen aufschreiben und in das Glas legen. Das Bewusstmachen des SCHÖNEN an einem Tag ist psychisch gesehen sehr wichtig, denn so wird einem deutlich, dass ein an sich vielleicht grauer Tag doch auch seine Schönheiten, seine hellen Seiten, seine Faszination und etwas Wertvolles hatte. Ohne dieses genaue Hinschauen würde man vielleicht manchen wundervollen Augenblick schlicht und ergreifend übersehen und das wäre sehr schade. So kann man sich selbst aus einem tiefen Loch herausholen und den Blick mehr auf die positiven Dinge lenken, als in den Negativen zu verharren.

Und man kann sich diese Zettelchen in all ihrer Fülle immer mal herausholen und kann sich an den erlebten und schönen Momenten erfreuen. Das Leben ist trotz schwerer Krankheit schön und lebenswert. Man vergisst es manchmal, weil man in seiner Trauer gefangen gehalten wird.

Lasst uns also schöne bunte Zettelchen, Notizen und Andenken aufschreiben, eintauchen in die Welt der Freude und somit die Trauer in den Hintergrund drängen!

3.)

Sich mit schönen
Dingen umgeben

Mir tut es immer sehr gut, wenn meine Umgebung schön und optisch harmonisch ist. WAS genau schön ist, darüber scheiden sich die Geister und das ist auch gut so.

Wichtig ist, dass SIE sich mit Dingen umgeben,

die SIE schön finden, die Ihnen gut tun.

Ich persönlich brauche eine schöne Farbharmonie und dekoriere je nach Jahreszeit und auch „Laune" um. Während im Herbst / Winter eher Töne wie dunkelrot, dunkelorange oder dunkeltürkis in meiner Wohnung vorherrschen, findet man im Frühjahr Pastelltöne, wie rosa, weiß, türkis in meinen Räumen.

Nicht jeder möchte sich freilich ständig neue Deko kaufen, aber mit etwas Feingefühl, mal einem neuen Kissen, einer neuen Kerze etc., kann man schon ein Zimmer verändern.

Um ein paar Eindrücke für die Sinne zu bescheren, folgen hier gleich ein paar Beispiele, einfach nur zum Anschauen und Genießen, die zum Teil auch von meinen Party-Dekorationen stammen:

Menschen,
die mir gut tun

Jeder wird im Laufe seines Lebens schlechte Erfahrungen in Bezug auf Freundschaften, Beziehungen, oder mit Kollegen gemacht haben. Sie werden mehr oder weniger schmerzlich gewesen sein und sie prägen uns.

Mir ist im Laufe meiner Jahre, die ich mit MS lebe, eines sehr bewusst geworden: ich bin nicht kraftvoll und gesund, oder gar „fit" genug, um mich mit Menschen zu umgeben, die mir nicht gut tun.

Zu diesem Schluss hätte ich auch früher schon kommen können, aber scheinbar brauchte es die chronische Erkrankung mit all ihren Einschränkungen, um mich auf diese Einsicht zu bringen.

Aber auch diese Einsicht, diese Erkenntnis schmerzt. Da muss man sich nichts vormachen. Aber ich habe tatsächlich gelernt, mich von Menschen, die mir meine Energie rauben, die nur negativ sind oder mich einfach nicht erfüllen können, zu trennen. Es geht hier nicht um Schuldzuweisung. Eine Person kann nichts dafür, wenn sie MICH nicht erfüllt. Es passt dann vielleicht einfach nicht.

Ich habe ebenfalls gelernt, dass ich mich nicht IMMER über nebensächliche Dinge unterhalten möchte – sie nicht zum Hauptgesprächsthema werden lassen möchte.

Wer wann und wo und wie oft seine „Bettdecken an die Luft hängt", ist mir einfach herzlich egal. Mich interessieren andere Dinge.

Solange mich solche Gespräche nicht nerven, oder ich sie als „vertane Zeit" erlebe, sind auch sie ok, aber sobald ich das Gefühl habe, dass mich jemand einschränkt – dann ist es Zeit, darüber nachzudenken, was ich ändern kann. Manchmal hilft nur ein langsamer, oder auch klarer Rückzug.

Gerade durch das Leben mit einer chronischen Krankheit ist man oft anders sensibilisiert und natürlich auch nicht mehr so unverwundbar, wie ein vergleichbar Gesunder. Dadurch erlebt man häufig viel bewusster und weiß seltene Momente und auch GUTE Beziehungen eventuell deutlich mehr zu schätzen. Dieses Bewusstsein macht sowohl verletzlich, als auch stark. Wenn wir es schaffen, die Stärke die Oberhand gewinnen zu lassen und sei es, dass wir uns distanzieren oder abgrenzen, dann werden wir auf Dauer glücklicher sein. Kompromisse zu schließen halte ich für genauso wichtig – aber das tun wir sicherlich sowieso alle. Manchmal allerdings helfen aber auch keine Kompromisse mehr.

Wir sind es WERT, glücklich zu sein

- und zum großen Teil sind wir für unser eigenes Glück selbst (!) verantwortlich. WIR müssen handeln – auch wenn es manchmal schwer fällt. Das Glück kommt zwar manchmal von allein, aber leider nicht immer. So ist das Leben.

Ich nehme oft mein „Glück selbst in die Hand" und vertraue darauf, dass es die richtige Entscheidung war. Sollte sich herausstellen, dass es die falsche Entscheidung gewesen sein sollte – dann muss man das am Besten unter „gemachte Erfahrung" verbuchen und auf ein Neues das Glück suchen.

Menschen und „Dinge" müssen mich inspirieren und mir gut tun, um mich in meinem Leben vorwärts zu bringen und um mir ein gutes Wohlfühl-Gefühl zu bereiten.

Hier ist ein Text, den ich passend zum Thema geschrieben habe:

*Inspiration ist mehr als nur ein Wort

Chronisch Kranke berichten so oft, dass sie wenig verständnisvolle Freunde oder Familienangehörige haben und sie das sehr belastet.

Ich selbst bin ebenfalls schon durch tiefe Täler von Unverständnis gewandert und musste damals hilflos mit anschauen, wie sich langjährige Freundschaften auflösten. Vor allem deshalb, weil es mir gesundheitlich sehr schlecht ging, man mir aber meine MS-Symptome kaum ansah und anmerkte - vor allem sah und sieht man mir die schreckliche Fatigue (abnorme Erschöpfung) nicht an.

Als ich damals plötzlich mit ihr konfrontiert wurde und das in aller Heftigkeit, hat sich mein Leben von jetzt auf gleich VERÄNDERT!

Drastisch verändert!

Ich konnte nicht mehr ungetrübt für Partys zusagen, geschweige denn bis 4 Uhr morgens dort bleiben, musste einige Verabredungen canceln und war einfach nicht mehr die „Alte"! Das hat manche Freunde verunsichert, manche aber ignorant werden lassen. Die Verunsicherten haben nachgefragt; mit ihnen konnte ich in einen Dialog treten. Mit den Ignoranten verhielt es sich anders: ihnen habe ich immer wieder versucht – erfolglos - zu erklären, WIE es mir geht, was Fatigue ist und WARUM ich gezwungen bin, so handeln zu müssen!

Dieser Prozess lief so lange, bis ich aufgegeben und mich von diesen Freunden getrennt habe - wenn sie mich nicht schon längst „fallengelassen" hatten! Ein schmerzhafter Prozess, der aber Jahre später seinen Sinn ergibt.

Heute „trenne" ich mich viel schneller von Menschen, die mir meine Energie RAUBEN, die mir nicht gut tun, oder mich schlicht und ergreifend langweilen. Das hat oft mehr mit MIR zu tun, mit meiner Entwicklung, als mit deren Entwicklung. Wir passen einfach nicht mehr zusammen. Das passiert Gesunden natürlich gleichermaßen.

In einem sehr inspirierenden Telefonat mit einer lieben Freundin haben wir überlegt, warum uns manche Menschen „langweilen", oder noch schlimmer, gar Energie rauben und sind zu dem Schluss gekommen, dass uns bei diesen Leuten die Inspiration fehlt.

Was ist Inspiration aber?

Laut Wikipedia.de ist Inspiration eine Eingebung, ein unerwarteter Einfall oder ein Ausgangspunkt für z.B. künstlerische Kreativität.

Lateinisch bedeutet Inspiration: *inspiratio* ‚Beseelung', ‚Einhauchen', aus *in* ‚hinein' und *spirare* ‚hauchen', ‚atmen'; vgl. *spiritus* ‚Atem`.

Im Sinne von „Leben einhauchen" verstehe ich inspirierende Freundschaften.

Mich zum hundertsten Mal über den „Haushalt an sich", oder über die Sonderangebote im Discounter zu unterhalten, beseelt mich einfach nicht, haucht mir kein Leben ein.

Dafür kann die andere Person nichts, aber MIR tut dieser Austausch dann nicht gut und ICH allein muss meine Konsequenzen ziehen, um mir SELBST mit der nötigen Achtsamkeit zu begegnen und mein ohnehin nicht einfaches Leben nicht noch zu verkomplizieren.

Wenn mich also jemand inspiriert, mir Neues aufzeigt, mich mit Ideen versorgt und mir einfach GUT tut, dann merke ich, dass ich mich wohl fühle und mich vor allem weiter entwickeln kann.

Ich möchte in meinem Leben nicht stehen bleiben, sondern vorwärts kommen. Ich möchte nicht einrosten, sondern leben und erleben – lebendig bleiben.

Ich bin mehr als meine MS – ich möchte leben, möchte die Chance auf Neues wahrnehmen und lebendig leben können.

Dafür brauche ich Menschen, die mich inspirieren, mir Impulse geben und mich nicht klein halten. Daraus schöpfe ich dann auch die für mich so notwendige Energie.

Ich möchte jeden Leser ermutigen, sich darüber Gedanken zu machen und auch einmal den Mut zu haben, sich von „falschen Freunden" „zu verabschieden", mit Achtung sich selbst und dem Anderen gegenüber, aber immer auch aus Respekt vor UNS SELBST!

Wir chronisch Kranken, brauchen so viel Kraft für unsere „MS", so viel Kraft für ein „normales" Leben und können es uns einfach nicht leisten, von Energie beraubt zu werden und hohl und ausgesaugt zurückgelassen zu werden.

Auch dies gilt natürlich gleichermaßen für Gesunde. Auch hier ist die Achtung vor sich selbst, den eigenen Bedürfnissen und der eigenen Kraft maßgeblich. Vor allem geht es immer darum, seine eigenen Bedürfnisse wahrzunehmen und auch für sie einzustehen.

So eine Trennung kann ein leises Zurückziehen sein, sie muss nicht mit einem Knall vonstattengehen und sie fängt da an, wo uns bewusst wird, was uns gut tut, und was NICHT!

Und sie sollte auch nie mit Beschuldigungen enden, denn diese wären fehl am Platz. Schließlich geht es um unser Empfinden, um unsere Entwicklung und für diese sind wir alleine verantwortlich und nicht unser Gegenüber.

Vor einem Verabschieden entsprechende Gespräche zu suchen und dabei zu versuchen, die Lage zu klären, ist für mich Voraussetzung. Aber manchmal scheint auch dieser Weg aussichtlos zu sein.

Hallo Inspiration; Hallo MS und Hallo energetisches Leben – ich komme!

**Glück ist
FREUDE machen**

Glück ist ja nicht nur, Freude zu erleben, sondern auch, anderen eine Freude zu MACHEN – also zu GEBEN!

Und das ist manchmal sogar einfacher als gedacht: Eine liebe SMS, ein Brief, eine Mail, eine Karte, oder ein kleiner Anruf sind wahre Glücksbringer.

Es müssen nicht immer teure Geschenke sein, die dem Gegenüber das Glück bringen. Über ein Blümchen oder eine Praline freut sich zwar mit Sicherheit jeder, zumal wenn es unverhofft passiert, aber oft sind es einfache Gesten oder Worte, die dem anderen zeigen:

Ich bin da, ich bin bei Dir und halte zu Dir. Ich verstehe Dich, ich glaube Dir...

Das sind oft sehr kraftbringende und enorm wohltuende Worte.

In Zeiten von Internet und Facebook ist es einfach, sich mal eine nette E-Card zu schicken oder an die Pinnwand des Anderen zu posten, einen netten Kommentar zu hinterlassen und Mitgefühl zu zeigen.

Überlegen Sie einfach mal, wem Sie als Nächstes eine Freude bereiten könnten und möchten. Sei es innerhalb der Familie, des Freundeskreises, der Kollegen oder Nachbarn. Gerade einsame Menschen machen sich selbst damit Freunde und Sie bringen umgekehrt diesen einsamen Menschen Freude.

**Essen –
oft wahres Glück**

Ich liebe es zu essen. Ich liebe vor allem Süßigkeiten. Eine Praline im Mund zergehen zu lassen ist für mich höchster Genuss und Glück.

Zu Zeiten meiner Diät, als ich abnehmen wollte und musste, war dies natürlich ein kleines Problem: ich habe mir dann meine Pralinen selbst gemacht. Da ich auch meine Ernährung völlig umgestellt habe (Low Carb = wenig Kohlenhydrate), konnte ich mir dann behelfen, in dem ich eigene Kreationen entwickelte und ausprobierte. Allein das hat mich dann schon wieder glücklich gemacht.

Manchmal hilft an einem trüben oder depressiven Tag auch, sich einen Sirup mit Geschmack in den Kaffee zu gießen.

Oder kochen Sie mal asiatisch – bzw. einfach mal „anders". Die Geschmacksnerven (sollten sie funktionieren) freuen sich über Neuigkeiten ☺

Für „Süßmäulchen" stelle ich im „Rezeptteil" meine Lieblingsrezepte ein.

Zum Beispiel:

- Wolken-Traum-Torte

- Philadelphia Torte

- Bisquitrolle

- selbstgemachtes Eis

Wohltuende Dinge tun

Hier zähle ich einfach mal ein paar Dinge auf, die gut tun – es sind Dinge, von denen man mir erzählt hat, die ich recherchiert habe, oder die ich von mir selbst kenne.

Einen Punkt möchte ich vorweg nehmen: ich scheibe dieses Buch für Jedermann, aber mit einem Blick auf eventuelle Beeinträchtigungen. Ein schönes warmes Bad einlassen ist zum Beispiel oft der Inbegriff des Wohlfühlens und somit des Glückes. Menschen mit MS können häufig aufgrund des sogenannten „Uhthoff-Phänomens" (=Verschlechterung aller Symptome durch Hitze) diesen beherzten Ratschlag gar nicht befolgen, ebenso wie einen Gang zur Sauna, weil es sie noch erschöpfter werden ließe.

Deshalb verzeihen Sie mir bitte, wenn ich Dinge vorschlage, die Sie evtl. auf Grund Ihrer Symptomatik und Erkrankung nicht nachmachen können. Vielleicht bringt Sie aber der ein oder andere Vorschlag auf eine ähnliche Idee.

Beispiele:

- ➢ Schöne Musik hören
- ➢ Bücher lesen
- ➢ In Zeitschriften stöbern
- ➢ Museumsbesuch
- ➢ Hallen-/Freibad-Besuch
- ➢ Stadtbummel
- ➢ Sich in ein Café setzen
- ➢ Sich mit Freunden treffen
- ➢ Einen Nachbarschafts-Stammtisch ins Leben rufen
- ➢ Kurse in der VHS (oder ähnlichen Angeboten) wahrnehmen
- ➢ Selbsthilfegruppen aufsuchen
- ➢ Sich Gemeinschaften anschließen (Sport/ Kunst/ Handarbeit/Sprachen usw.) – z.B. auch Vereine
- ➢ Menschen einladen (auch unkonventionell, z.B. Nachbarn …)
- ➢ Sich Internet-Foren – und Gruppen anschließen
- ➢ Sich auf eine Parkbank in die leichte Sonne setzen
- ➢ Wellness Zuhause / Bad, eincremen, Duft-Öle

- ➤ Ausflüge (je nach Möglichkeiten u./o. Beeinträchtigungen)
- ➤ Meditieren (lernen)
- ➤ Sich bewusst einen Tee kochen, eine Kerze anzünden und das alles zelebrieren
- ➤ Die Wohnung neu dekorieren (umgestalten)
- ➤ Altes entsorgen (aufräumen), sich von Altem trennen
- ➤ Ins Kino gehen
- ➤ Theaterbesuch
- ➤ Sich selbst einen Blumenstrauß kaufen

Naturprodukte sammeln: z.B.: im Frühjahr schöne Blütenzweige; im Sommer Blumen pflücken, schöne Kieselsteine mitnehmen; im Herbst Kastanien sammeln; im Winter Tannenzapfen – und Zweige sammeln.

Achtsamkeit

Glück beginnt immer auch mit Achtsamkeit sich selbst gegenüber.

Was aber ist „Achtsamkeit"?

Laut Wikipedia: „Eine der in der Forschungsliteratur am häufigsten zitierten Definitionen stammt von Kabat-Zinn. Demnach ist Achtsamkeit eine bestimmte Form der Aufmerksamkeit, die absichtsvoll ist, sich auf den gegenwärtigen Moment bezieht (statt auf die Vergangenheit oder die Zukunft) und nicht wertend ist."

Für uns in diesem Büchlein ist die Achtsamkeit uns SELBST gegenüber ein wichtiges Thema – denn nur wenn wir uns selbst gegenüber achtsam begegnen und uns in diesem Sinne selbst würdevoll und respektvoll, sowie liebevoll behandeln, können wir die Achtsamkeit abgeben – nach außen.

Das heißt, sich selbst ganz auf den aktuellen Moment besinnen und uns selbst ebenso ganz bewusst zu beobachten, um mit einem bestimmten Handeln daraus hervor gehen zu können – das ist der Beginn der Achtsamkeit.

Das wiederum bedeutet, dass wir eine besondere Aufmerksamkeit der Bewusstheit von momentanen Vorgängen und Erfahrungen widmen müssen.

Wenn wir dies täglich (gar stündlich / jederzeit) üben, werden sich mit zunehmender Achtsamkeit auch die gewohnheitsmäßigen automatischen und unbewussten Reaktionen auf das gegenwärtige Erleben reduzieren.

Dies kann im besten Fall dann zu einem hohen Maß an situationsadäquatem, authentischem und selbstbewusstem Handeln führen. Und genau das ist unser Ziel.

Wenn wir ein klareres Verständnis bezüglich uns selbst und hinsichtlich des eigenen Lebens erlangen, wenn wir also umgangssprachlich gesagt, den „Durchblick" haben, können wir auf unsere Bedürfnisse auch deutlich adäquater eingehen und sie vor allem erst einmal wahrnehmen.

Die Wahrnehmung ist der Grundstein dazu, der es uns ermöglicht, Zugang zu den eigenen inneren Ressourcen zu finden und unsere uns selbst gesteckten Grenzen zu erweitern.

Mit Achtsamkeit, die man in sein Leben integriert, kann man sich psychischen Belastungen, Stress-Situationen und widrigen Lebensumständen besser gewachsen fühlen.

Dadurch, dass man sich seiner SELBST mehr gewahr wird, erreicht man mehr Ausgeglichenheit und man wird mit sich selbst geduldiger und kann lernen, sich selbst besser zu akzeptieren.

Eine große Übung in diesem Prozess ist es dann, nicht wertend zu sein, sich nicht selbst zu verurteilen, sondern unvoreingenommen und offen (fast kindlich) einen Blick auf sich selbst und sein Leben zu werfen.

Deshalb gehen Sie wirklich stets achtsam mit sich selbst um. Beginnen Sie jetzt, spätestens morgen nach dem Aufstehen ☺

Was tut Ihnen gut?

Welche Rituale kann man lassen, welche sollte man verändern?

Tut es mir vielleicht gut, doch eine halbe Stunde länger zu schlafen? (wenn möglich).

Wann ist Einkaufen für mich und mein Energiemanagement am Sinnvollsten?

Was kann ich dabei noch erledigen? Was kann ich getrost liegen lassen?

All dies sind Überlegungen und Fragen, die man sich vielleicht noch nie gestellt hat und wenn man darüber nachdenkt, ist man vielleicht selbst erstaunt, welch einem Zwang man sich – warum auch immer – unterworfen hat.

Prüfen Sie einfach mal Ihren Tagesablauf und Ihre Gewohnheiten. Was sind liebgewonnene Angewohnheiten, was sind eingefahrene Muster?

Achtsamkeit *ist aber auch, sich z.B. ein Stück Schokolade ganz bewusst im Mund zergehen zu lassen, nachzuspüren, Genuss bewusst zu erleben – innehalten und Glück dabei zu empfinden.*

MUT

Mut bedeutet, dass man sich traut und fähig ist, etwas zu wagen, sich selbst etwas zuzutrauen und sich bewusst in eine mit Unsicherheiten verbundene oder leicht gefahrenhaltige Situation zu begeben.

Seien Sie mutig.

Überlegen Sie sich, was Sie vielleicht schon immer einmal machen wollten (realistisch bleiben ist Voraussetzung).

Wollten Sie schon immer mal ans Meer fahren und wussten nur nicht wie und mit wem? Dann schauen Sie im Reisebüro oder Internet nach Möglichkeiten. Es gibt viele Anbieter, die speziell auf behinderte Menschen und deren Bedürfnisse eingestellt sind. Ebenso verhält es sich mit Alleinstehenden: auch hier gibt es spezielle Reise-Anbieter.

Oder wollten Sie schon immer mal 3 Stück Torte hintereinander essen? Dann besuchen Sie ein Café und seien Sie mutig.

Eine neue Frisur ausprobieren?

Mit solchen Beispielen lässt sich unendlich fortfahren ...

Wollten Sie schon immer ein Haustier haben und haben sich nie getraut? Dann wägen Sie sorgfältig ab, welches Tier für Sie in Frage käme und wenden sich an Tierheime und /oder Tierschutzorganisationen.

War es schon insgeheim seit Langem Ihr Wunsch, einem Chor beizutreten?

Tun Sie es!

Getreu dem Motto: „Tausche Angst gegen MUT!" ☺

Ihre Zeit ist JETZT, Sie leben im HIER und JETZT!

Vielleicht möchten Sie es auch einmal ausprobieren, ein **"Mut-Tagebuch"** zu führen?

Überlegen Sie ich, was Sie gerne Mutiges tun möchten, schreiben Sie Ihre Ängste und Sorgen dazu auf – somit stellen Sie sich ihnen und trauen Sie sich ...

Nur wer Angst verspüren kann, kann auch MUT beweisen.

–Dalai Lama–

Interessanter Weise werden Mut und Angst oft in einem Widerspruchsverhältnis gesehen. Der Mutige scheint angstfrei zu sein oder zumindest weniger von Angstgefühlen belastet. Allerdings sind Mut und Angst „lediglich" Komponenten im Spannungsgefüge des Handelns. Sie kontrastieren miteinander, schließen sich aber nicht gegenseitig aus, sondern ergänzen einander.

Mut ist deshalb zum Erlangen des „Glücks" notwendig, da wir Vieles nie erlebt hätten, wenn wir es nicht gewagt hätten - wenn wir nicht den MUT gehabt hätten, es auszuprobieren. Natürlich kann es auch schief gehen, aber eine Chance vorüberziehen lassen, ohne sie genutzt zu haben, finde ich womöglich viel trauriger und sehr „ent-mutigend".

Wenn man mit dem „gesunden Menschenverstand" seine Angst, sein Vorhaben und die Umsetzung sorgfältig angeht und abwägt, sich all den Komponenten stellt, dann hat man wirklich die Chance, dass sich das Erleben in ein GUTES verwandelt.

Und zum Abschluss noch ein Zitat:

Was wäre das Leben, hätten wir nicht

den **MUT**,

etwas zu riskieren?

-Vincent van Gogh-

NATUR

Früher habe ich über meine Mutter gelacht, wenn sie Vögel beobachtete und dem Rauschen des Windes lauschte. (Zu meiner Entlastung muss ich sagen, dass sie mitten im Telefonat fast jeden vorbeifliegenden Vogel erwähnt) ☺

Heute spüre ich selbst, wie wohltuend es sein kann, sich in der freien Natur aufzuhalten – es ist ein Innehalten, das Geist und Körper gut tut und die Seele verwöhnt. (Und dass es völlig ok ist, auch während eines Telefonates die Natur und deren WUNDER wahrzunehmen und somit auch im Hier und Jetzt lebt ☺).

Und wer erinnert sich nicht gerne an die ungetrübte Kindheit, in der wir barfuß durch das Gras liefen, im Matsch plantschten und in Pfützen hüpften und somit die Natur mit allen Sinnen erlebten?

Warum sollte man nicht, falls ein Garten nicht vorhanden ist, in einem Blumentopf einen Tomatenstrauch oder schöne Wiesenblumen züchten?

Die Natur beim Wachsen und Blühen zu beobachten, kann Glücksgefühle auslösen, weil es uns an UNS, unser Leben und unseren Fortbestand erinnert. An unser Wachsen und mögliches Blühen.

Warum sollte nicht einmal wieder barfuß laufen (sollte das mit der jeweiligen Beeinträchtigung möglich sein) – sich mit der Natur verbinden wollen? Ich habe manchmal das Gefühl, dass die Natur „heilt" – und zwar Körper und Seele.

Durch den Alltag mit meinen Hund bin ich „gezwungen", täglich mehrmals hinaus gehen zu müssen und heute frage ich mich, wie ich es vorher ausgehalten habe, nicht täglich die Natur genießen zu können und an der frischen Luft gewesen zu sein. Ich entdecke täglich so viel Neues – und das in meinem gewohnten Umfeld!

Natürlich ist ein Spaziergang mit Hund evtl. einfacher, als ganz allein spazieren zu gehen. Aber vielleicht sollte man dies einfach einmal ausprobieren, oder eine NachbarIn fragen, ob sie Lust auf einen gemeinsamen Spaziergang hat.

Wer keinen Balkon oder Garten hat, kann auch bei schönem Wetter die Fenster weit öffnen und sich ans Fenster setzen und die Natur beobachten. Es geht immer darum, auszuprobieren, was einem gut tut, was hilft und glücklich macht. Vieles entdeckt man gar nicht, weil man es nicht ausprobiert.

Und ein besonderes Freiheit bringendes Mittel möchte ich, falls körperliche Beeinträchtigten vorhanden sind, nicht zu kurz kommen und unerwähnt lassen: seien Sie mutig und gestatten Sie sich Hilfsmittel, wie Rollator, Rollstuhl oder GEHSTOCK. Ihr Mut wird Sie mit ungeahnter neuer Freiheit belohnen.

Manchmal benutze ich meinen Gehstock:

KREATIV werden

Haben Sie es sich jemals zugetraut zu malen, zu zeichnen oder zu basteln? Wenn ja, dann wissen Sie, wie glücklich und zufrieden es machen kann, sich kreativ zu betätigen.

Wenn nicht, versuchen Sie es, wenn Sie mögen. Seien Sie mutig. Probieren Sie einfach etwas aus. Falls Sie Bedenken haben, niemand würde Ihre Kunstwerke mögen: es verpflichtet Sie niemand, diese öffentlich zu machen. Aber seien Sie auch hier mutig. Zeigen Sie Ihr Gestaltetes einem Ihnen nahestehenden Menschen, von dem Sie wissen, dass er nicht wertet und es zu schätzen weiß, dass Sie sich kreativ betätigen und sich an ihn wenden.

Meinen ersten Text habe ich lange geheim gehalten, bis ich mich doch traute, ihn meinem Mann zu zeigen - der begeistert war. Daraufhin wurde ich mutiger und schickte ihn Freunden, die mich alle bestätigten, bis es in einer MS-Zeitschrift zur ersten Veröffentlichung kam und ich mittlerweile viele Bücher geschrieben habe und meinen Blog führe.

Kreativität beflügelt, kann meditativ wirken und immer kommt man beim Werken bei sich selbst an. Man ist auf das, was man tut, konzentriert und kann so ganz „bei sich" sein.

Schauen Sie sich mal im Internet um, oder lesen Sie mal Anzeigen für Kurse (zum Beispiel VHS) – vielleicht fällt Ihnen spontan etwas ein, für was Sie sich interessieren KÖNNTEN! Und selbst, wenn Sie es ausprobiert haben und es nichts für sie war, heißt das noch lange nicht, dass es nicht etwas gibt, das Ihnen Spaß und Freude machen und sie ausfüllen könnte!

Das muss nichts Großes sein – vielleicht entdecken Sie das Musik-Hören neu für sich, oder aber sie holen doch mal wieder die auf dem Speicher verstaubte Nähmaschine hervor …

Fotografieren, gerade mit den heutigen Handys, ist ebenfalls ein wunderschönes kreatives Hobby und kostet erst einmal nichts. Was Sie mit den Fotos dann „anstellen", wird sich ergeben. Und ob Sie auf eine Profi-Kamera umsteigen, das ist im MOMENT erst einmal unwichtig. Es geht um die Freude, um das Entdecken und auch darum, Fortschritte zu beobachten und sich daran zu erfreuen.

Die Möglichkeiten sind tausendfach offen. Wichtig ist, dass Sie es nicht nur zum „Zeitvertreib" tun, sondern Ihnen diese Tätigkeit wirklich Befriedigung verschafft, sie fordert und entspannt zugleich und Sie vor allem ausfüllt.

Dankbarkeit

„Dankbarkeit ist nicht nur die größte aller Tugenden, sondern auch die Mutter aller anderen".

-Cicero-

Dankbarkeit ist ein positives Gefühl oder eine Haltung in Anerkennung einer materiellen oder immateriellen Zuwendung, die man erhalten hat oder erhalten wird. Man kann dem Göttlichen, den Menschen oder sogar dem Sein gegenüber dankbar sein, oder allen zugleich. (Wikipedia.de)

Dankbarkeit ist meiner Meinung nach auch einer der zentralen Wege zum Glück. Ohne Dankbarkeit nehme ich nicht die Schätze der Welt wahr – seien es die liebevollen Zuwendungen, oder auch die materiellen Dinge.

Wenn ich dankbar bin, dass Blumen blühen, öffne ich mein Herz, mache es weit und groß für die Wunder der Natur … Nehme wahr und nehme auf.

Dankbarkeit für ein (schönes) Dach über dem Kopf ist in der heutigen Zeit noch nicht einmal befremdlich!

Menschen, die dankbarer sind, fühlen sich subjektiv besser. Dankbare Menschen sind glücklicher, weniger depressiv, leiden weniger unter Stress und sind insgesamt zufriedener mit ihrem Leben, sowie auch zufriedener mit ihren sozialen Beziehungen.

Dankbare Menschen haben auch ihre Umgebung, ihr persönliches Wachstum, ihren Lebenssinn und ihr Selbstwertgefühl besser unter Kontrolle – sie nehmen dies nämlich alles anders und bewusster wahr. Sie haben deswegen auch mehr positive Möglichkeiten mit den Schwierigkeiten in ihrem Leben umzugehen, bitten andere Menschen leichter um Hilfe, wachsen anhand dieser Erfahrung und verwenden mehr Zeit, um zu planen, wie sie mit dem Problem umgehen sollen. (in Anlehnung an Wikipedia.de).

Dadurch haben dankbare Menschen auch weniger negative Bewältigungsstrategien, das heißt, sie denken von Vorneherein positiver und brauchen sie somit nicht zwingend.

Sie versuchen nicht, ein Problem zu vermeiden oder wegzudenken, sondern sie denken optimistischer und nach vorne schauend. Sie zweifeln auch weniger an sich und ihrem Leben, weil sie ihre Sorgen besser einschätzen können. Somit kommen sie zum Beispiel auch mit einem Wechsel in einen neuen Lebensabschnitt besser zurecht. Das kann bei einer plötzlichen Diagnosestellung wie MS, oder anderen schweren Krankheiten, ein unglaublich hoher Vorteil sein.

Studien zeigen, dass sich positiv eingestellte Menschen weniger gestresst, weniger niedergeschlagen und zufriedener fühlen - selbst nach solch einer Schock-Diagnose oder anderen zerrüttenden Ereignissen. Dankbare Menschen scheinen mehr in sich zu ruhen und eine größere Stabilität zu haben, als undankbare Personen.

Es besteht mit Sicherheit ein Zusammenhang zwischen Dankbarkeit und dem Wohlbefinden. So zeigt sich, dass dankbare Menschen meist auch glücklicher und weniger deprimiert sind.

Auch hier kann man wieder eine Art Tagebuch führen oder eine Liste mit den Gegebenheiten aufstellen, die uns dankbar sein lassen. Dies bewirkt, wie auch bei der Glücks-Liste, eine tiefe und klare Wahrnehmung und Bewusstheit der eigenen Dankbarkeit. Vielleicht wundert man sich im Nachhinein sogar, wofür man alles dankbar ist. Dieses Hinschauen macht glücklich.

Sich also in Dankbarkeit zu üben, ist ein guter und sinnvoller Rat. Sich morgens zu freuen, dass man die Augen öffnen und sehen kann, ist ein guter Start zum Üben der Dankbarkeit. ☺

Das bewusste Hinschauen ist hier wieder einmal der Schlüssel – der Schlüssel zum Glück, der Schlüssel zur Achtsamkeit und zu tiefem Empfinden.

Sie werden noch mehr solcher wundervollen Augenblicke, Merkmale und Situationen aufnehmen und erleben, die Sie Dankbarkeit spüren lassen – wenn Sie es zulassen und hinschauen ☺

Die Reise durch den Körper

(angelehnt an „Progressive Muskelentspannung nach Jacobsen")

Beim „Original" geht es um Anspannung uns Loslassen, dem Bewusstwerden des eigenen Körpers und somit dem Hinführen zur Tiefenentspannung.

Ich weiß von erfahrenen Physiotherapeuten, dass „Anspannung/Entspannung" bei MS so eine Sache ist... Spastiken, Muskelverspannungen und Empfindungsstörungen können diese „Therapie", diese körperliche Meditation erschweren oder gar unmöglich machen. Auch bei anderen Beeinträchtigungen mögen diese Übungen problematisch sein. Sprechen Sie deshalb lieber vorher mit Ihrem Arzt oder Physiotherapeuten.

Ich habe jahrelang mit Kindern mit dieser Methode gearbeitet und kann hier deshalb eine vereinfachte (und auch für eventuelle Beeinträchtigungen gemäßigtere) Form beisteuern.

Prinzipiell gilt, wie bei allen Yoga-Übungen auch, dass man immer nur das macht, was die HEUTIGE Tagesform erlaubt.

Also bitte setzen Sie sich nicht unter Druck, das hier Beschriebene unbedingt genauso nachmachen zu müssen.

Der Weg ist das Ziel
– nämlich Entspannung und Körpererfahrung, sowie Ruhe…

Legen Sie sich gemütlich und in Ruhe hin - vorzugsweise auf eine Decke oder Matte auf den Boden (die Unterlage sollte nicht zu weich sein). (Im Sitzen ist diese Übung leicht abgewandelt ebenfalls möglich; dazu später mehr).

Schalten Sie störende äußere Einflüsse, wie Radio usw. ab.

Platzieren Sie sich an einem angenehmen Ort, legen sich auf den Rücken, die Arme neben dem Körper ablegen – alles locker lassen…. Die Beine nicht geschlossen…. Handflächen zeigen nach oben…. Finger locker….

Schließen Sie die Augen …

Atmen Sie mehrfach tief ein und aus, spüren Sie die Ablagefläche Ihres Körpers ganz bewusst.

Fangen Sie am Kopf an: spüren Sie, wo genau Ihr Hinterkopf die Unterlage berührt … diese kleine Stelle eines doch großen Kopfes … Reisen Sie weiter …. spüren Sie, wo die Schultern aufliegen, der Rücken … die Arme … die Ellbogen, Handrücken ….

Spüren Sie Ihren Steiß, den Po aufliegen, die Oberbeine – wenn sie aufliegen, die Fersen ….

Und nun beginnen Sie erneut am Kopf und spannen (und dann immer auch entspannen) Sie Ihre Gesichtszüge an; entspannen Sie die Kopfhaut, der Kopf wird leicht und liegt zart auf…. Wandern Sie in Ihren Nacken – spüren Sie, dass er nicht aufliegt … die Höhle, die er bildet … Wandern Sie weiter zu Ihren Schulterblättern … Ziehen Sie die Schultern kurz und fest hoch und entspannen Sie sie wieder … Wandern Sie den Rücken hinab, atmen Sie sie tief und möglichst regelmäßig …

Versuchen Sie alle Gedanken auszublenden … Sollten die Gedanken dennoch kommen, lassen Sie sie fließen … Stören Sie sich nicht an ihnen und beißen Sie sich nicht an ihnen fest … fließen lassen, ausatmen…

Danach sind jeweils die Arme an der Reihe: wandern Sie in Gedanken die Oberarme herunter bis zum Ellbogen und dem Handgelenk, den Händen … Schließen Sie die Hand fest zur Faust, Anspannung … Und entspannen Sie sie wieder … Und wieder aufwärts … Das Gleiche mit dem anderen Arm …

Wenn die Arme entspannt sind, landen Sie wieder hinten (Rücken) in der Mitte des Körpers, unterhalb der Schulterblätter. Sie kommen auf Ihrer Körpereise am Steiß an und spüren den Punkt noch einmal, wo er aufliegt … Sie spüren Ihre Gesäß-Backen und kneifen sie fest zusammen und lassen sie wieder los … Das können Sie auch gerne wiederholen …

Dann wandern Sie weiter zu den Beinen, erst das eine, dann das andere Bein (es ist egal, welches zuerst) hinab über die Kniekehlen … die Waden entlang und spüren, wo und wie diese aufliegen … (auch eventuell nur in Gedanken, falls Ihr Beine taub sind).

Wenn Sie möchten und können, können Sie diese auch anspannen und wieder locker lassen … Wandern Sie weiter zu den Fersen, über die Fußsohle zu den Zehen und ziehen Sie diese anspannend über den gesamten Fuß in Ihre Richtung und lassen Sie wieder locker … Auch dies können Sie gerne wiederholen …

Sie können und dürfen … Sie müssen nichts …

Wenn Sie beide Beine incl. der Füße an - und wieder entspannt haben, wandern Sie jeweils beide Beine einzeln an der Oberfläche der Beine wieder Richtung Schoß … Nehmen Sie Ihre Knie wahr und spannen Sie sie an, wenn Sie mögen …

Vom Schoß aus reisen Sie den Bauch hinauf und landen in dem Gebiet um den Bauchnabel herum und atmen bewusst ein und aus … Spannen Sie den Bauch an … wölben Sie ihn hoch und lassen ihn wieder abflachen …

Sie wandern anschließend hinauf zur Brust, atmen tief ein … und tief aus … Gerne auch mehrmals … Der Brustkorb hebt und senkt sich …

Nun sind die Arme wieder an der Reihe – bis zu den Händen … anspannen, entspannen …

Sie reisen zu ihrem Hals, spüren, wie die Luft durch ihn ein und ausfließt … Und wandern in Ihr Gesicht … Ihr Mund darf sich zu einem Lächeln verziehen … Lächeln Sie sich zu …. Nehmen Sie Ihre Nase wahr … .wie die Luft hier hinein und ausströmt … Spüren Sie Ihre Wangen … Entspannen Sie das Gesicht … und lassen Sie Ihre Gedanken zur Stirn hinauf wandern … Runzeln Sie die Stirn und glätten Sie sie wieder … Spüren Sie nun nach … Die Reise ist wieder am Ausgangspunkt angekommen …

Nehmen Sie sich Zeit, lassen Sie los … Bleiben Sie erlöst liegen …

Wenn Sie soweit sind … bewegen Sie vorsichtig die Zehen … öffnen die Augen … und kommen wieder ins Hier und Jetzt zurück … Sortieren Sie sich … Und kommen Sie an …

Erst wenn Sie bereit dazu sind, setzen Sie sich auf … langsam … Recken und strecken Sie sich (Wichtig!!!) … atmen Sie noch einmal tief durch …

Wenn Sie diese Übung mehrfach gemacht haben (Sie dürfen Sie auch mehrmals am Tag machen, vor dem Einschlafen – ganz wie Sie wollen …), dann werden Sie spüren, dass Sie irgendwann „schweben" und Ihre Unterlage „verlassen" …

Ich war eine Zeit lang „süchtig" nach dieser Übung … und habe sie mehr als einmal am Tag gemacht.

Später einmal, mit viel Übung und Erfahrung, reicht es dann, dass man sogar in Stresssituationen mit einem Teil dieser Übungen entspannen kann – sei es, die Pobacken zusammen zu kneifen und zu entspannen, das Gesicht zu einer Grimasse zu verziehen und wieder zu glätten, die Hände zur Faust zu machen oder einfach das, was Sie in diesem Moment gerade brauchen.

Diese Reise durch den Körper geht im Notfall im Stehen, im Sitzen, auf der Toilette… ☺

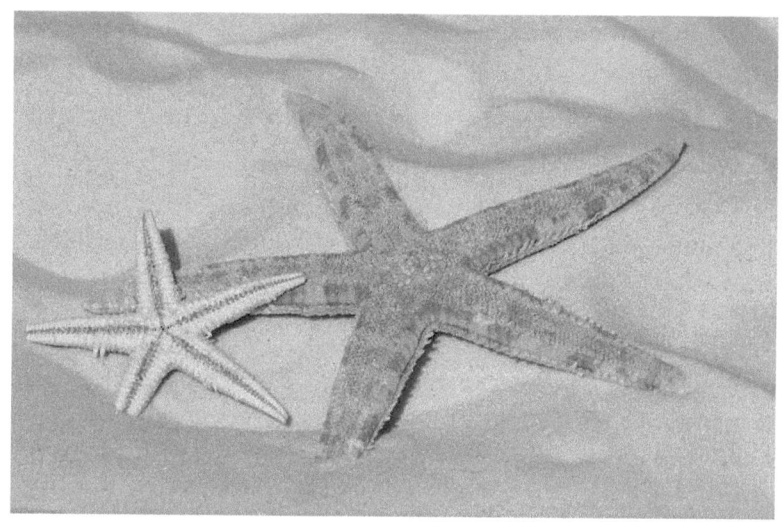

Wenn Sie geübt sind, können Sie diese Reise auch mit Ihnen angenehmer Hintergrundmusik begleiten. Und denken Sie daran: **Sie müssen nichts** – es geht um nichts – außer um IHRE Entspannung ☺ Und IHR Wohlfühlen ... Sie können quasi nichts falsch machen.

Sollten Sie mittendrin Spastiken bekommen, können Sie auch abbrechen.

Sie können diese Reise auch OHNE Anspannung machen ... nur als entspannende bewusste Reise durch den Körper –

alles ist möglich ☺

Viel Freude und Entspannung damit ☺

Meditation

Meditation = von *meditatio,* „nachdenken, nachsinnen, überlegen".

Durch Achtsamkeits – und/oder Konzentrationsübungen soll sich der Geist beruhigen und sammeln. Die angestrebten Bewusstseins-Zustände werden je nach Tradition und Herkunft unterschiedlich beschrieben.

Begriffe wie Stille, Eins-Sein, im Hier und Jetzt sein oder frei von Gedanken sein, sind die gängigsten Synonyme zum Thema Meditation.

MEDITATION bedeutet,
bei allem, was man tut,
völlig aufmerksam zu sein –
beispielsweise
darauf zu achten,
wie man
mit jemandem spricht,
wie man geht,
wie man denkt,
was man denkt.

Krishnamurti

Vermutlich kommen am ehesten Bilder von indischen Yogis in uns hoch, die relaxt in einer „typischen Körperhaltung" auf einem Yoga-Kissen sitzen und augenscheinlich nichts tun.

So kann Meditation natürlich aussehen, aber das muss nicht zwangsläufig so sein.

Denn Meditation, wenn man geübt ist, kann auch stattfinden, wenn man sich mit jemandem unterhält, wenn man spazieren geht, duscht, oder kurz vor dem Einschlafen ist.

Meditieren bedeutet einfach nur, sich selbst bewusst zu werden.

Das kann man lernen und dann auch in jeder Situation anwenden.

Meditieren hat viele positive Auswirkungen auf Geist und Körper. Im Alltag hilft Meditation sehr gut, um mit Stress und Angstsituationen besser umzugehen.

Viele mit Meditation erfahrene Menschen berichten, dass sie **Glück** verspüren, dass sie in einen Schwebezustand gelangen, bei sich ankommen und eins mit sich werden. Dadurch wird man logischer Weise auch selbst-bewusster, was ja ebenfalls ein Baustein zum Glück ist.

Man gewinnt an innerer Stärke und Wach – und Klarheit und das noch, während man sich gleichzeitig entspannt.

Und auch hier gilt: wir müssen nichts – wir können ausprobieren und jederzeit entscheiden, ob dies etwas für uns ist, oder eher nicht. Und nicht jeder körperlich Beeinträchtigte kann im Sitzen, geschweigenden im Yoga-Sitz, meditieren. Aber auch das ist überhaupt kein Hindernis. Meditation funktioniert im Liegen und Stehen ebenfalls, sowie auch sitzend im Rollstuhl.

Zu Beginn ist es sicherlich erst mal wichtig, sich einen geeigneten Meditations-Ort auszusuchen. Es sollte ein Platz sein, den man schön und gemütlich findet, auf den man sich zu jeder neuen Meditation wieder freut. Ich habe mal im Winter eine Zeit lang mit einer Decke auf dem Boden im Wohnzimmer vor der Terrassentür Platz genommen, weil ich mich so trotz Kälte mit der Natur verbunden fühlte.

Man kann sich auch Rituale schaffen: eine Kerze anzünden oder auch eine Buddha-Figur kaufen, dies alles auf einem Tablett anrichten, vielleicht noch eine Blume, einen Zweig oder Sonstiges dazulegen und sich mit diesem Zeremoniell in die Ruhephase begeben. Äußere Einflüsse und Anreize sollten ansonsten allerdings vermieden werden.

Die Sitz- oder Liegeposition sollte gut gewählt sein. Beim Sitzen darf es nicht ein zu weicher Untergrund sein, damit man nicht einsinkt.

Ich beschreibe hier die typische Sitzhaltung auf dem Boden, die Sie aber abwandeln können – passend für Ihr Befinden, passend zu Ihrer eventuellen körperlichen Beeinträchtigung. Einzig wichtig ist, wenn möglich, die aufrechte Haltung des Oberkörpers.

Im Sitzen:

Als Anfänger kann man sich einfach im Schneidersitz auf eine Unterlage setzen (wenn das die Beeinträchtigung zulässt).Wenn man geübter und auch dehnbarer ist, kann man probieren, sich in die Halb – Lotus - Position zu bringen: das heißt im „Schneidersitz", aber einen Fuß auf den anderen legen. Wichtig ist, dass es niemals unbequem ist und vor allem keine Schmerzen verursacht. Bitte erzwingen Sie nichts.

Eine aufrechte Wirbelsäule, das heißt, ein aufrechter Rücken, ist wichtig, da sich so sich der Brustraum öffnet, man freier atmen und ein ungehinderter Energiefluss entstehen kann.

Die Arme können hängen, Schultern werden fallen gelassen (nicht hoch ziehen) und die Hände werden neben dem Körper oder in den Schoß gelegt, Handflächen zeigen nach oben.

Der Kopf sitzt gerade, aber locker auf der Wirbelsäule und schaut mit geschlossenen Augen nach vorne … Diese Haltung kann man auch mehrfach kurz üben … Sie sollte immer entspannt sein und nie gezwungen. Das Üben der Atmung kann man ebenfalls mehrfach täglich für sich gestalten: tief in den Unterbauch ein und ausatmen. Sich ganz auf die Atmung und den Fluss der Atmung zu konzentrieren, ist schon ein meditatives Verhalten und schafft Ruhe und Entspannung.

Das ist dann so ähnlich, wie ich es bei der progressiven Muskelentspannung beschrieben habe. Die Entspannung entsteht durch das bewusste Einatmen und das bewusste Ausatmen – **ausatmen aller Gedanken, aller Probleme, um den Kopf frei zu bekommen.**

Dabei bitte immer an die aufrechte Körperhaltung denken. Das erübrigt sich später, da man es automatisch für sich anwendet.

Wenn man diese Übungen mehrfach gemacht hat und routinierter wird, kann man sich nun ganz auf das Spüren des Atems konzentrieren: wie er langsam in den Körper hinein fließt und wieder ausströmt. Wichtig ist, dabei auf jedes kleine körperliche Detail zu achten: wie sich die Bauchdecke wölbt, wie sich der Brustkorb weitet, wie Energie zu fließen beginnt.

Das Ziel ist es,

während der kompletten Meditation

den Fluss des Atems

bewusst wahrzunehmen.

Sollten, wie bei der progressiven Muskelentspannung auch, sich wieder Gedanken aufdrängen, lassen Sie sie zu und atmen Sie sie beim nächsten Ausatmen mit aus… So kann man sich immer wieder auf seinen eigenen Atem konzentrieren und sich „zurückholen". Das Ziel ist, dass Sie es schaffen, Ihre Gedanken einfach nur zu **beobachten**. Zuzulassen, ohne sie zu bewerten … (Eine völlige Gedankenfreiheit schaffen sicherlich wirklich nur äußerst erfahrene Yogis).

In diesem o.g. Zustand kann man verweilen … Am Anfang reichen wenige Minuten… Später können Sie es nach Belieben ausdehnen.

Das Zurückkommen, auch Aufwachen genannt, geschieht allmählich … Bleiben Sie zuerst in der Körperhaltung, aber bewegen Sie sich leicht … Öffnen Sie die Augen … Spüren Sie Ihre neu gewonnene Energie und halten Sie sie fest. Recken und strecken Sie sich und versuchen Sie, noch ganz bei sich zu bleiben. Denn im besten Fall nehmen Sie die nun gewonnene Energie direkt mit in Ihren Alltag.

Noch ein paar Tipps:

Die beste Zeit zum Meditieren ist morgens nach dem Aufstehen und nachmittags, aber auch abends (evtl. vor dem Einschlafen). Trotzdem sollte man nicht zu müde sein.

Sollten Gliedmaßen z.B. während der Meditation einschlafen, muss man seine Sitz (Liege) – Position neu überdenken. Evtl. kann man mit einem Kissen das Gesäß erhöhen, oder sich im Liegen ebenfalls mit einem Kissen stabilisieren.

Am Anfang reichen wirklich wenige Minuten Meditation völlig aus. Es soll GUT tun und niemals Stress auslösen. Auch hier bestimmen SIE allein, was für SIE am besten ist.

Es ist gar nicht so wichtig, wie lange man meditiert, sondern eher, dass man es, hat man mal angefangen, auch kontinuierlich tut. Denn das Dranbleiben ist wichtiger als die Dauer der Meditation. Am Sinnvollsten macht man es zu einer täglichen Routine zur gleichen Zeit am gleichen Ort. Wenn man mag, kann man die Dauer auch kontinuierlich steigern. Nur wenn man mag ☺

Ganz WICHTIG ist:

➢ Es gibt beim Meditieren kein „Richtig oder Falsch". Es gibt zig Möglichkeiten zu meditieren. Finden Sie die für sich richtige heraus.

➢ Sie müssen keinen Vorstellungen entsprechen. Meditation ist etwas sehr Persönliches und Individuelles. Es soll Ihnen einfach nur GUT tun.

Viel Freude und Entspannung ☺

Fantasiereisen

Fantasiereisen sind Reisen zu sich selbst.

Die Bilder, die dabei entstehen, sind die Sprache der eigenen Gefühle. Bei Fantasiereisen handelt es sich um gelenkte Tagträume, in denen sowohl Erwachsene, als auch Kinder lernen, in ihrer Fantasie Vorstellungen zu assoziieren und zu entwickeln. Dies kann Ihnen eventuell über momentane Probleme hinweghelfen, denn mit Hilfe Ihrer Fantasie können Sie zum Beispiel als Gehbehinderter plötzlich laufen, Sie können fliegen oder sonstiges Gewünschtes erleben und sich damit aus einer völlig anderen und neuen Perspektive betrachten, die völlig neue Möglichkeiten schafft und Grenzen überwindet.

Man kann sowohl in die Vergangenheit, als auch in die Zukunft reisen, man kann sich Träume erfüllen oder bewusst entspannen. Dies alles kann man dann nutzen, um in der Realität etwas sinnvoll zu verändern, Probleme zu lösen und gesteckte Ziele einfacher zu erreichen.

Fantasiereisen helfen, Stress abzubauen, ein inneres Gleichgewicht herzustellen und Fantasie und Kreativität zu fördern.

Sie sind für alle Altersgruppen geeignet, wobei man immer auf individuell und altersentsprechend angepasste Geschichten achten sollte und muss.

Man kann sich vorgegebenen Geschichten hingeben, wie diesen beiden, die ich hier anbiete; man kann sich aber ebenso gut ein „Bild" vorstellen und es sich entwickeln lassen. Der „Fantasie" sind keine Grenzen gesetzt.

Eventuell macht man vor einer Fantasiereise eine kleine Entspannung, wie z.B. „Entspannung nach Jacobsen" und schließt die Augen. Manchmal ist eine entspannende Musik als Begleitung hilfreich, aber sie kann ebenso als störend empfunden werden. Probieren Sie es einfach aus. Machen Sie es sich auf jeden Fall an einem geliebten und sehr ruhigen Plätzchen bequem, stellen Sie Telefon und Klingel ab und geben Sie sich ganz dem Gefühl hin ...

Auch hier ist der WEG das Ziel:

Es soll Ihnen gut tun, es soll Sie glücklich machen und Sie müssen sich wirklich keiner Erwartung stellen. Auch wenn Ihnen so etwas erst einmal fremd vorkommt, oder Sie ich albern fühlen ... Keiner zwingt Sie ... Aber alles ist möglich ... Lassen Sie einfach los und genießen Sie ...

• *Der fliegende Teppich*

„Stelle Dir vor, Du liegst auf einem ganz bequemen weichen Teppich. Es ist Dein Lieblings-Teppich, er hat Deine Lieblingsfarbe und duftet frisch. Du liegst auf dem Teppich, vielleicht im Grünen, auf einer herrlichen Blumenwiese und Du atmest tief ein und aus. Dein Brustkorb hebt und senkt sich, Dein Unterbauch wölbt sich beim Einatmen und beim Ausatmen wird er wieder flach. Du bist entspannt, Dein Kopf liegt auf dem Teppich weich, sicher und geborgen auf. Deine Gesichtszüge sind entspannt ... Deine Schultern sind locker, Dein Rücken liegt weich und bequem auf dem Teppich und Deine Beine liegen ebenfalls völlig entspannt und leicht auf dem Teppich, Deine Fersen berühren den Teppich. Dein ganzer Körper liegt völlig ruhig und entspannt auf dem Teppich.

Du nimmst das Vogelzwitschern auf der Wiese wahr, lauschst dem Rauschen des Windes und dem Neigen der Blumen ... Du versinkst in Deinem weichen Teppich und genießt die Natur.

Dein Teppich hat Zauberkräfte und möchte mit Dir fliegen, Du gestattest es und lässt Dich noch gemütlicher einsinken, in Geborgenheit und Sicherheit. Der Teppich hebt sachte ab, schaukelt Dich sanft und wenn Du hinunter schaust, siehst Du die Blumen und Deine Lieblings-Wiese von oben. Ihr schwebt noch etwas höher und Du kannst das Dach Deines Hauses sehen. Du siehst Nachbarn, Kinder und Autos auf der Straße ... Du siehst es ... und beobachtest ... Du musst nicht werten ... Du schwebst ... Du fühlst Dich frei ... Deine körperlichen Beeinträchtigungen erscheinen Dir klein und sie verschwinden ... Du bist ruhig, entspannt und glücklich ... gelöst ...

Du beobachtest eine Weile das Treiben unter Dir, Du bist etwas entrückt und fühlst Dich sicher und wohl auf Deinem Teppich ...

Wenn Du es möchtest, fliegt der Teppich auch weiter mit Dir – dorthin, wohin Du es möchtest ...

Irgendwann möchtest Du zurückkehren ... Du bist völlig entspannt, locker und doch wohlig schwer ... Du liegst sicher auf Deinem Teppich ...

Langsam und sachte landest Du auf dem Boden und kommst an ... Du verweilst hier so lange Du möchtest und genießt Deine Reise ...

Du bist ruhig, Du bist entspannt und fühlst Dich frei ... Frei von Sorgen und Nöten ...

Ganz langsam wackelst Du mit den Zehen, bewegst Dich und öffnest die Augen und kommst zurück ... Du reckst und streckst Dich ... und kommst an im Hier und Jetzt ..."

Sie können sich einen Lieblings-Ort selbst kreieren, Sie können sich je nach Befindlichkeit einen natürlichen Ort, wie diese Wiese ausdenken, oder auch einen geschlossenen   Raum.
Sie können sich einen Baum als „IHREN" Baum erfinden, an dem Sie Zuflucht suchen und Geborgenheit finden. Der Fantasie sind keine Grenzen gesetzt.

Als ebenfalls sehr hilfreich hat es sich erwiesen, sich einen „Begleiter" auszudenken. Vielleicht haben Sie schon immer davon geträumt, dass Ihnen ein ganz starker Bär zur Seite steht – er kämpft für Sie, er löst Ihre Probleme, er trägt Sie, wenn Sie nicht mehr laufen können. Sie können ihm einen Namen geben, mit auf Ihre Traumreisen nehmen und dann auch mit in die Realität nehmen – als unsichtbaren Begleiter, der Ihnen einfach IMMER zur Seite steht.

Lassen Sie Ihr Glück zu, seien Sie mutig und kreativ – das ist der erste Schritt zum inneren Frieden und GLÜCK.

2.) Der weise Mann

„Stell Dir vor, Du gehst an einem schönen lauen Sommerabend einen Bergpfad hinauf. Du bist leicht und Deine Schritte fühlen sich ebenso leicht an. Der Vollmond scheint hell und leuchtet Dir den Weg.

Du nimmst den Weg bewusst wahr: ist er steinig? Ist er weich oder hart? Siehst Du Blumen am Wegesrand?

Du fühlst Dich wohl und siehst einen kleinen Pfad, der sich noch höher hinauf schlängelt. Dort oben, das weißt Du sicher, wohnt ein sehr alter und sehr weiser Mann in einer Berghöhle. Sein Lagerfeuer scheint hell und freundlich und leuchtet Dir den Weg zu ihm hinauf.

Der Weg verändert sich, Du nimmst neue Gerüche und Eindrücke wahr. Du gehst flink weiter und kannst den weisen Mann nun erkennen. Du siehst genau, wie er aussieht ... Er winkt Dir freundlich zu, Du gehst zu ihm, legst einen Scheit nach und setzt Dich ihm gegenüber und beobachtest ihn. Du lässt Dir Zeit dabei, nimmst nun seine Gestalt wahr, seine Kleidung, sein Gesicht und seine gütigen Augen.

Du stellst ihm die eine Frage, die Dir schon lange auf der Seele brennt ...

Gib Acht, WIE er Dir antwortet, beobachte gut und nimm wahr, wie er mit Dir spricht, oder Dir auch nur etwas zu verstehen gibt.

Deute seinen Gesichtsausdruck und seine Körperhaltung. Was möchte er DIR sagen? Und wie reagierst und antwortest Du?

Nun bist DU selbst dieser weise Mann.

Wie gestaltet sich nun DEIN Leben?

Wie lebst Du?

Begegnest Du auch Besuchern, die Fragen an Dich richten? Und wie reagierst Du dann und was würdest DU antworten? Was empfindest Du nun Dir selbst als weisen Mann gegenüber?

Nun tausche wieder die Rollen, und höre dem alten weisen Mann zu, wie er DIR antwortet.

Was empfindest Du? Verstehst Du, was der alte Mann Dir sagen möchte?

Hast Du noch weitere Fragen an ihn?

Du spürst, dass Du ganz Du SELBST bist und verbschiedest Dich langsam von dem alten Mann und dankst ihm. Du sagst ihm aber auch noch etwas ...

Der alte Mann lächelt und kramt in seinem alten Lederbeutel, um Dir etwas ganz Besonderes mit auf den Weg zu geben.

Was empfindest Du nun? Sag es dem Mann.

Du drehst Dich um und gehst mit dem Geschenk ganz nah bei Dir den Bergpfad hinab.

Achte gut auf den Weg, damit Du ihn wiederfindest, wenn Du den alten weisen Mann wieder einmal besuchen möchtest.

Nehme die Umgebung genau wahr ... Wie ist Dir zu Mute? Wie fühlst Du Dich?

Halte nun die Augen geschlossen und betrachte das Geschenk des weisen Mannes. Was ist es? Was hat er Dir gegeben? Betaste es, rieche daran und spüre ...

Du kehrst in Dein Zimmer zurück und legst das Geschenk in Deinem Gedächtnis an einen sicheren Platz und Du verabschiedest Dich vorerst davon.

Du bist entspannt ... Leicht und zufrieden und wachst ganz langsam wieder auf, indem Du Deine Zehen bewegst ... Dich reckst und streckst ...“

Diese Geschichte können Sie ausbauen, verkürzen und abändern. Der wichtige Faktor dabei ist, dass Sie bei sich selbst ankommen und nachspüren.

Meine Texte
zum Thema
GLÜCK

Die Texte sind in sich abgeschlossene Geschichten und deshalb wiederholt sich eventuell auch ab und zu mal etwas.

*Glück ist wie die Sonne

GLÜCK
ist wie die Sonne.
Aber selbst
auf der SONNE
sitzen Flecken.

So ist es wirklich manchmal.

Jeder Mensch möchte einfach nur glücklich sein.

Das Wort GLÜCK hat seinen Ursprung im Mittelhochdeutschen („gelücke", ab dem 12. Jahrhundert) und bedeutet „Art, wie etwas endet/gut ausgeht". Glück war demnach der günstige Ausgang eines Ereignisses. Und es streiten sich die Gemüter, ob man zum Glück selbst beitragen kann, oder es sich ergibt.

Und Glück ist sicher eines der meist beneideten Güter, denn es beinhaltet so viel: Glück auf Gesundheit, Wohlstand, Liebe, Erfolg, Frieden und Vieles mehr.

Sicherlich ist es so, dass Jeder eine andere Vorstellung von seinem individuellen Glück, oder dem Ziel des Glückes hat.

Selbst in verschiedenen Kulturen dürfte es Unterschiede in der Erfüllung des Glücks geben. In Ländern, in denen das Besorgen von Nahrung ein Problem darstellt, dürfte es das größte Glück sein, seine Familie mit Essen versorgen zu können, denn daran erschließen sich dann ja auch Gesundheit und andere Bedürfnisse und Wünsche. Dort, wo es kein oder nicht genügend fließendes sauberes Wasser gibt, wird eine Badewanne voll Wasser, das auch wieder abläuft, Glücksgefühle auslösen.

Was also genau ist Glück?

Wir leben hier in einer sogenannten Wohlstandsgesellschaft. Von Randgruppen leider abgesehen, ist Nahrungszufuhr hier zu Lande kein Problem; das Wasser kommt aus dem Wasserhahn und die Milch „wächst in Tüten". Das Geld, um Grundbedürfnisse zu befriedigen, gibt es auf der Bank und um sich Wünsche zu erfüllen, kann man es ausgeben; man kann sogar Geld ausgeben, das man gar nicht hat, weil es einem die Bank leiht. ☺

Das heißt, die Grundbedürfnisse sind in unserem Land meistens (…) erfüllt. Kaum einer von uns empfindet es im Alltag noch als Glück, dass wir uns morgens den probiotischen Joghurt aus dem Kühlschrank holen und vielleicht einen Coffee-to-go mitnehmen. Normalität, Alltag, Gewohnheit.

Was also ist für uns „Wohlstandsmonster" noch Glück?

Uns MS`lern und allen schwer Kranken fällt auf Anhieb ein: Glück ist Gesundheit!

Als ich noch vermeintlich gesund war, war mir dies zwar auch schon deutlich bewusst, aber die Tragweite dieses Wunsches wurde mir erst nach meiner Diagnosestellung bewusst. Denn Gesundheit ist pures Glück (in unserem Fall ist es nicht möglich, die MS hinweg zu zaubern und auf das Glück zu warten, plötzlich Heilung zu erfahren). Dieses gesunde Glück zieht nämlich sehr viel mit sich: soziale Bindungen, Arbeitsplatz (-suche oder -verlust, oder Verrentung), Familiengründung, Existenzbedürfnisse und Vieles mehr! Wenn uns das Glück der Gesundheit abhandengekommen ist, kann es auch sein, dass uns dadurch der Arbeitsplatz verloren geht und keine adäquate Grundsicherung mehr möglich ist. Das ist dann mehr als nur Pech; es kann zur Katastrophe werden. So einfach ist es also nicht und deshalb ist Glück ein schwerwiegendes Wort.

Ich habe MS aber ich bin glücklich.

Wie lässt sich das vereinbaren?

Es lässt sich deswegen vereinbaren, weil ich Glück habe: Glück, 2 gesunde wunderbare Kinder auf die Welt gebracht zu haben, Glück, einen liebevollen Ehemann und viele liebe Verwandte und Freunde zu haben. Glück zu leben und mein Leben auch, mit manchmal sehr vielen Einschränkungen, aber doch noch *leben* zu können.

Ich bin alleine deshalb schon glücklich, weil ich mich nicht einem (großen) Kampf um die Grundsicherung stellen muss.

So verändert sich Glück im Laufe des Lebens.

„*gelücke*" und der günstige Ausgang des Ereignisses: gut, diese Definition stimmt bei uns MS`lern nicht ganz. Unsere MS wird nicht günstiger ausgehen, als sie sich im momentanen Status Quo gerade befindet. Das haben damals die Begründer der Sprache nicht bedacht ☺

Aber in einem bin ich mir sicher: auch wir MS`ler haben eine Wahl: glücklich oder unglücklich zu sein! Glück im Unglück zu empfinden ist sicher nicht immer einfach. Aber ich weiß, dass ich Glück habe, dass ich glücklich bin. Auch mit MS. Die MS hindert mich zumindest nicht am Zustand des Glücklichseins. Manchmal erschwert sie es mir, aber da ich ein überzeugter und zielgerichteter Mensch mit dem Streben nach Glück bin, habe ich auch das Glück, es zu erleben und genießen zu können.

Was ein Glück! ☺

*Glücklich ist ...

Immer wieder fällt mir zum Thema Glück der Spruch „Glücklich ist, wer vergisst, was einfach nicht zu ändern ist!" ein. Er drängt sich mir geradezu auf ...

Und es stimmt ja auch. Diese kostbaren Augenblicke, in denen wir alles um uns herum vergessen können, sind Gold wert. Momente voller Glückseligkeit, voller Harmonie und Freude, sowie Genuss und Wohlfühlen. OHNE Probleme, ohne belastende Gedanken, ohne Ängste ...

Aber auch nicht mit der sonst so wichtigen „Zuversicht", denn diese hat im Augenblick des reinen Glücks gar keinen Platz. Man braucht sie in diesem Moment aber auch nicht, da sie scheinbar automatisch zum Glücksgefühl dazu gehört. Es ist ein Zustand von tiefer Freude, die keinen Zusatz braucht.

Ich habe das Glück, des Öfteren solche Glücksmomente erleben zu dürfen. Sie tragen mich. **WEIT** Sehr weit. Sie helfen mir über schwierige Phasen hinweg und verursachen ein Gefühl des „High-Seins", ein Gefühl der Euphorie.

Und das ist gut so, denn ohne solche kostbaren Sternstunden wären eben diese traurigen Phasen schwer ertragbar.

Glück ist oft gar nicht greifbar und auch nicht erklärbar.

Dafür umso spürbarer.

Ein Glückserlebnis war für mich z.B., dass ich beim Aussuchen des Brautkleides meiner zukünftigen Schwiegertochter dabei sein dufte. Aufgeregte 5 „Weiber" und eine Braut – ein Brautladen und Sekt. Das reichte, um bei mir Glücksgefühle höchsten Ausmaßes emporkommen zu lassen. ☺

Es sind so viele Aspekte, die mich in solchen Momenten überkommen: es ist die Liebe zu meinen Kindern, die ja an sich schon überwältigend ist. Es ist die Liebe zu meinen Schwiegerkindern und in diesem Fall verknüpft sich beides.

Eine Hochzeit, ein Traum in Weiß: ich bin „Mädchen" genug, um allein das zu genießen. Wenn dann noch die eben beschriebene Liebe hinzukommt, das nette und so harmonische Miteinander aller Beteiligten, dann ist dies für mich ein mehr als kostbarer Augenblick.

Meiner Tochter habe ich auf dem Rückweg erklärt, was in einer Mutter in einem solchen Moment vor sich geht. Ich musste es einfach mit ihr teilen. ☺ Denn auch wenn wir uns ja ohne große Worte verstehen; hatte ich das Bedürfnis, dieses Gefühl mitteilen zu müssen. ☺

Ich dachte an all die Nächte, die ich mit meinem schreienden und kaum zu beruhigenden Sohn durchgemacht habe, an alle Krankheiten, an die schwierige Pubertät und all das, was es doch auch an Entbehrungen gab. Und nun heiratet er!!! ☺

Ich dachte aber gleichzeitig und viel vordergründiger an all das Schöne, was wir erlebt haben. An sein erstes Lächeln, an sein erstes gesprochenes „Mama", an all die Kuschelstunden und die reine Liebe.

Ich dachte an meine beiden Kinder, wie sie auch gemeinsam in liebevoller Eintracht und sorgsam „gepflegten" Streitigkeiten aufwuchsen und nun die Schwester des Bräutigams ebenfalls beim Brautkleid-Aussuchen dabei ist. Ganz selbstverständlich.

6 Frauen, gefühlte Hunderte von Brautkleidern, eine entzückende Braut und Emotionen pur.

Nicht nur bei mir sind ein paar Tränchen geflossen.

Später drängte sich mir der Vergleich auf, wie ich als Mutter so Vieles habe durchmachen müssen (teilweise ja auch MIT MS). Ein Mutter-Dasein hat so viele Parallelen zu chronischen Erkrankungen: wir lieben, wir kämpfen, wir haben schier unermessliche und oft kaum endend wollende Kraft für unsere Kinder – wir verzweifeln, wir haben Ängste und Sorgen und wissen manchmal nicht, was uns der nächste Tag bringen wird.

Zuversicht ist hier, dass ich hoffentlich nie aufgeben werde und dass mich die Liebe zu meinen Kindern, meinem Partner und lieben Angehörigen und Freunden hoffentlich noch lange TRAGEN wird.

Sie geben mir einen Sinn, ein Ziel und unermessliche Freude und somit KRAFT und MUT!

Ich bin sehr dankbar dafür. Ich genieße solche Sternstunden doppelt. Das spüre ich auch tief in mir ganz deutlich. Vielleicht sogar dreifach ☺

Ich genieße und genieße; ich freue mich darüber, DASS ich genieße und genieße nochmals.

Das ist sicherlich gut, denn tief drinnen weiß ich, wie schnell mir die MS einen Strich durch die Rechnung macht. Vor allem ungefragt.

Aber diese wilde, fast unbändige Freude erlaubt es mir, neue Kraft zu schöpfen; neue Zuversicht, Hoffnung und pure Lebensfreude zu empfinden.

Ich bin wirklich dankbar.

Sicherlich hat jeder Leser seine eigene Kraft-Quelle; sei es der Glaube oder andere schöpferische Dinge. Bei mir sind es definitiv meine Kinder, meine Familie und unser Hund und natürlich auch meine Kreativität.

Meine Kinder schenken mir viel Lebensfreude und Kraft, und es ist ein Geschenk, dass es für meine Schwiegertochter selbstverständlich ist, mich zur „Brautschau" mitzunehmen und dass sie alle 4 so Vieles mit mir teilen. Das ergibt für mich SINN. Den Sinn meines Lebens.

Natürlich habe ich auch noch viele andere sinnbringende Dinge und Menschen in meinem Leben, aber diesmal war es das *eine* spezielle Erlebnis, das mich so glücklich machte.

Die MS war an diesem Abend übrigens nicht zugegen. Vermutlich hatte sie Hausverbot in solch einem bezaubernden Brautladen. Und endlich einmal hat sie sich an ein Verbot gehalten. Auch dafür bin ich dankbar.

Ich wünsche jedem einen Sinn und diese Zuversicht.

*HOFFNUNG

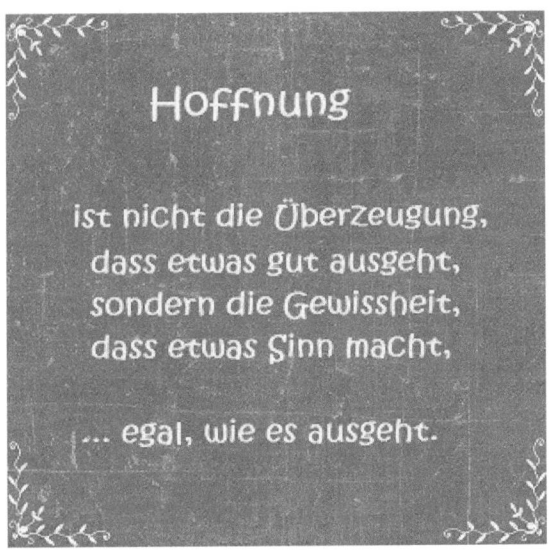

Hoffnung

ist nicht die Überzeugung,
dass etwas gut ausgeht,
sondern die Gewissheit,
dass etwas Sinn macht,

... egal, wie es ausgeht.

Hoffnung, ein fast „abgedroschenes" Wort und doch trägt uns eben dieses Wort samt allen Emotionen, die damit verknüpft sind weit; sehr weit.

Hoffnung verleiht Flügel, schenkt uns Kraft und Energie – wenn auch nur für kurze Zeit. Aber dieses Lichtlein am Ende eines Tunnels, dieser Funke „Hoffnung" zeigt uns so oft unseren Weg und auch das Ziel.

Ohne Hoffnung würde der Menschheit etwas Existenzielles fehlen. Hoffnung ist das Hoffen auf das Gelingen einer Sache. Dies beinhaltet ebenso die „Erwartung", dass etwas Wünschenswertes eintritt, ohne dass eine wirkliche Gewissheit darüber besteht.

Hoffnung ist aber auch eine zuversichtliche innerliche Ausrichtung. Eine Haltung, eine Einstellung sozusagen - ebenso wie das völlig „unverhoffte" Hoffen und Erwarten.

Das Positive daran ist der Optimismus, der unweigerlich beim Hoffen mit von der Partie ist.

Natürlich gibt es aber auch unangenehme Begleiter, wie Angst und Sorge, dass das Erwünschte nicht eintritt. Heikel ist diese Gratwanderung zwischen „nach vorne blicken" und der Verzweiflung. Manchmal gar verknüpft mit Hoffnungslosigkeit.

Jeder Mensch hofft irgendwann einmal. Mal mehr, mal weniger.

Und im Sprachgebrauch verwenden wir dieses Wort des Öfteren: „Es besteht noch Hoffnung", oder „Die Hoffnung stirbt zuletzt", sind nur zwei von vielen Redewendungen.

In Bezug auf MS und andere chronischen Krankheiten nimmt das Hoffen nochmal eine Sonderrolle ein. Denn wir hoffen zusätzlich, zu dem normalen Hoffen eines Jeden, dass uns die Krankheit nicht zu sehr beutelt, dass wir Heilung finden oder auch ganz praktisch, „dass morgen alles besser, oder zumindest nicht schlechter ist"!

Ohne Hoffnung würde sicherlich für manche Betroffene der Alltag nur schwer auszuhalten sein. Und sicherlich hofft auch jeder auf seine individuelle Art und Weise, meist dem eigenen Schicksal angepasst.

Die Hoffnungen schwer Kranker, so habe ich beobachtet, sind realer geworden und kleiner.

Ich hoffe zwar natürlich auf Heilung, aber ich hoffe abends eigentlich immer, dass ich am kommenden Tag nicht von unangenehmen Symptomen befallen werde, dass meine Fatigue sich mal ganz still verhält und ich einen zufriedenen Tag verleben kann.

Klein sind unsere Wünsche und Hoffnungen geworden.

Und um auf den Spruch zurückzukommen: selbst wenn wir wissen, dass es momentan noch keine Heilung für unsere MS gibt, so ist doch das Wissen, dass unser Leben trotzdem, oder gerade deswegen, einen SINN macht, eine wichtige und ebenfalls existenzielle Vorstellung und auch ein Glaube.

Wenn man sich all das GUTE, das man im Leben hat, vor Augen führt, dann macht es auch wieder Sinn zu leben und daraus resultiert dann Lebensfreude.

Lebensfreude wiederum ist heilend – und auf jeden Fall wohltuend.

In diesem Sine macht es Sinn zu hoffen ☺

Ich wünsche jedem Leser, dass er einen Sinn für sein Leben findet und es auch mit einer eventuellen Erkrankung lebenswert gestalten und genießen kann.

*Wie oft werde ich gefragt, wie ich das „ALLES"
schaffe...*

Und wie oft stelle ich mir diese Frage selbst!

Und genauso oft staune ich, denn mir kommt all das, was ich tue, so normal vor.

Normal, weil es mein Alltag ist. Normal, weil ich meine Erwartungen meinem „Standard", meinem „Ist-Zustand", angepasst habe und auch immer wieder neu anpasse. Manchmal gar halbstündlich, manchmal mehrmals am Tag, mit viel Glück auch nur einen nach dem anderen Tag.

Aber erst einmal ist mir bewusst, dass es mir im Vergleich zu vielen anderen MS`lern noch sehr gut geht. Es ist auch wichtig, das zu betonen, denn es gibt mit Sicherheit Betroffene, die gerne nur meine Symptomatik hätten.

Das wurde mir neulich sehr bewusst, als ich mit einem Betroffenen mailte und über meine Fatigue klagte und er mir dann erzählte, dass er seit Jahren bettlägerisch sei.

Ich denke, man muss sich das immer mal bewusst machen und dankbar sein für die eigene Situation.

Trotzdem nutzt all das Vergleichen nichts, wenn jeder von uns sein ganz eigenes individuelles Leben zu leben hat.

Es gibt keinen „Wettbewerb", wer die „schlimmere" MS hat - das wäre fürchterlich und für unsere Seele ein Desaster.

Wichtig ist, dass jeder lernt, mit seiner individuellen Situation klar zu kommen.

Wenn wir dies schaffen, sind wir schon auf dem richtigen Weg. (Wobei, als Anmerkung, natürlich ein Bettlägeriger es sicher sehr schwer hat, sich seinen Alltag schön zu gestalten!!! Meine Hochachtung für all Diejenigen!).

Und doch, um auf die Eingangsfrage zurück zu kommen, werde ich gefragt, wie ich das alles schaffe.

„Alles" ist umfassend und schwer greifbar. Aber Manches ist auch bestechend einfach: ich muss viel liegen, meinen Kopf anlehnen können, um meine Fatigue neben den Sparziergängen mit meinem Hund und anderen Aktivitäten, in den Griff zu bekommen.

Wenn ich also meine Texte und Bücher schreibe, meine Cards mit Sprüchen bastele, tue ich das nie im Sitzen, sondern immer im „Liegen".

Im „Halb-Liegen" auf meinem gemütlichen „Liegestuhl" lässt sich ein Laptop prima unterbringen ☺

Mein Seelenhund liegt oft bei mir, mit auf der Liege oder neben mir und so verbringe ich körperlich relaxend viele Stunden in dieser Position – schreibend.

Dass ich dabei nicht sitze, meinen Körper also entlaste, ist für mich wirklich entspannend und wohltuend. Das Schreiben fließt aus mir heraus, und ist somit auch nicht anstrengend.

So entstehen also meine Texte und Bücher – mitten in Entspannung ☺

Schwieriger wird es, wenn ich meine vielen Mails beantworte, oder gar noch jemand mit mir chatten möchte: hier komme ICH an meine MS-Grenzen. DAS ist für mich eine ganz furchtbare Reizüberflutung, die mein Körper und mein Geist nicht annehmen können, ohne aus der Ruhe gebracht zu werden. So unterschiedlich ist das bei jedem erkrankten.

Mein Leben meistere ich so gut wie ich kann. Meinen Alltag ebenso. Und natürlich fällt Vieles meinen mir gesetzten Prioritäten zum Opfer: der Haushalt zum Beispiel. ☺

Der sieht nicht immer aus wie „geleckt" - zumal wir einen Hund haben ☺

Meine Prioritäten sind genau die Dinge, die mir GUT TUN.

Dass ich leider auch auf Vieles verzichten muss (wie z.B. ausgedehnte Telefonate, weil die wiederum meiner „Reizüberflutung" zum Opfer fallen), oder auch anderen schönen Dingen, das nehme ich mittlerweile fast selbstverständlich hin.

Ich versuche, mich auf die positiven Dinge zu konzentrieren. Mir und meiner Seele GUTES zu tun.

Und genau SO schaffe ich auch Vieles ☺

Ich teile mich ein, ich versuche mich nicht aufzuregen, wenn es mir nicht gut geht (ein lebenslanges Üben) und ich versuche immer wieder, mich meiner jetzigen Situation anzupassen, und sei es dreimal am Tag.

Und eins habe ich gelernt: wenn ich eine Pause brauche, dann nehme ich sie mir. Und zwar möglichst sofort.

Also: mit viel Planung, viel Optimismus und noch viel mehr Lebensfreude schaffe ich das „alles" – irgendwie – nicht jeden Tag gleich gut und an manchen auch gar nicht ... Aber auch das ist ok. Das Leben ist nun mal so. Ein Auf und Ab ... Und mit MS noch mehr. Ich bin nicht umsonst frühverrentet, kann mir also meine Zeit einteilen – und das nutze ich.

Die Kunst ist sicher, sich selbst dann noch etwas Schönes zu ersinnen.

Hallo MS, Hallo Leben, Hallo Unbeständigkeit!

*JA zum LEBEN

Ein JA zum Leben beinhaltet VIEL.

Nicht nur das kleine Wörtchen JA, sondern die bewusste Entscheidung **für** mein eigenes Leben und somit auch ein JA zu sich selbst.

Ein kleines Wort mit riesengroßer Auswirkung.

Wie oft höre ich von MS-Patienten und anderen chronisch Kranken, dass ihnen am Tag der Diagnosestellung ein „Beenden ihres Lebens" in ihre Gedanken schlich. So nach dem Motto: Was wird jetzt? Ist das Leben noch lebenswert? Bin ich noch etwas wert?

Das sind leider keine Ausnahmen, sondern ich höre es wirklich oft.

Ich selbst hatte diese Gedanken nie, allerdings hatte ich zum Zeitpunkt der Diagnosestellung auch bereits 2 Kinder (damals 6 und 9 Jahre alt) und mein Mutter-Gefühl war so enorm hoch, dass ich sie nie hätte gehen lassen ... zurücklassen können. Und irgendwie hat mich die Diagnose auch nicht verzagen lassen. Das ist aber nur meine Geschichte. Viele andere Geschichten sehen schlimmer und einfach „anders" aus.

Und doch lese ich von genau diesen Menschen dann auch immer wieder, dass sie sich zu einem bewussten JA für ihr Leben entschieden haben - und heute dankbar sind für diesen Impuls.

Auch MIT chronischer Erkrankung kann das Leben voller Fülle, voller Liebe und Freude sein.

Ich brauche meine MS nicht, ganz sicher nicht. Ich könnte locker auf sie verzichten und sie hat mir wirklich viel Lebensqualität genommen.

Sie hat mir viele Einschränkungen und fiese Beeinträchtigungen beschert. Ich habe Abgründe und tiefe Täler kennengelernt.

Aber ich habe auch gelernt, dass man diese Abgründe überstehen kann, dass man die tiefen Täler wieder verlassen kann und sich das Leben einfach immer weiter dreht.

Man muss nur, nachdem man wieder aufgestanden ist, auf den fahrenden „Zug" aufspringen – das ist wohl die Kunst.

Gut, „springen" ist so eine Sache ☺, aber man kann versuchen, sich wieder dem fahrenden Zug zu widmen, mit all seinen Möglichkeiten. Es ist sicherlich immer wichtig, niemals den Anschluss (-Zug) zu verpassen.

Ich lasse mich nach dem berühmten „Hinfallen, Aufstehen. Krone richten und weiter stolpern" gerne wieder vom Leben einfangen und versuche jedes Mal wieder, möglichst schnell den Anschluss zu finden. Den Anschluss ans Leben, an die Normalität und den Alltag.

Dass ein Krankheitsbedingter Alltag eventuell anders ist, als ein Alltag von völlig gesunden Gleichaltrigen, ist eine Tatsache, die wir ernst nehmen müssen. Wir müssen sie aber genauso auch AN-NEHMEN, akzeptieren und als gegeben hinnehmen. Sonst packen wir es nicht, den Anschluss zu bekommen und zu halten.

Ein Gewahrsein der eigenen Beeinträchtigungen ist deshalb psychologisch gesehen so unendlich wichtig, weil wir uns dann *selbst BEWUSST* sind, selbst gewahr sind und uns, sowie unseren Stärken und Schwächen, mit Achtsamkeit begegnen können. Achtsamkeit uns selbst gegenüber ist einer der Schlüssel zum glücklichen Leben.

Ich bin mir BEWUSST, dass mein Leben glücklich ist. Ich habe ein (hübsches) Dach über dem Kopf, ich habe meine Erfüllung im Schreiben und Bloggen gefunden; habe zwar (leider) keine finanziellen Reichtümer, aber es reicht…

Alles in allem habe ich ein wundervolles Leben, selbst mit MS.

Neue Chancen und Möglichkeiten haben sich aufgetan, neue Entdeckungen, neue Beziehungen wurden möglich und vielleicht wurde sogar eine neue „Heike" möglich, die es vorher im Strudel des Arbeiten Gehens und der Hektik des Alltags niemals gegeben hätte. Vielleicht.

Ich bin deshalb dankbar. Nicht der MS dankbar – niemals. Aber dankbar, dass ich JA zu meinem Leben gesagt habe. Das wünsche ich EUCH! ☺

*Es gibt sie noch, diese Tage voller Energie!

Wer meine Texte nun schon seit längerer Zeit verfolgt weiß, wie sehr mich die Fatigue ausbremst und dass auch sie der Grund für meine volle Erwerbsminderungsrente ist.

Ich bin sehr oft sehr sehr traurig, weil mein Leben zeitweise sehr begrenzt verläuft. Dies sind keine Grenzen, die ich mir selbst setze - und jedem Skeptiker möchte ich auch gleich sagen, dass ich immer alles gebe, alles und mein Bestes!!! Aber es gibt Tage, da geht einfach nichts mehr. Rien ne va plus!

Und diese Tage sind für mich schlimm, weil sie mir dann, in diesen Momenten, meine Lebensqualität nehmen. Sie nehmen mir den Spaß an Dingen, die mich erfüllen und die ich gerne mache.

Aber es gibt auch noch diese Tage, die mir völlig unverhofft Energie schenken.

Manchmal ist es so unverhofft, dass man seinem Glück nicht traut. Dass man es einfach nicht fassen kann. „Gestern habe ich doch noch völlig erschlagen auf meinem Sofa gelegen, kaum fähig, ein Buch in den Händen zu halten… Und heute dann diese Energie!".

Einfach ist das bei aller Freude nicht, aber ich werde es ausnutzen.

Ich gehe ausgiebig Gassi und lege mich danach brav hin und spüre in mich hinein. WOW! Noch keine Fatigue! Nach nur kurzem Ausruhen treibt es mich wieder auf und ich backe einen Kuchen. Und wieder stelle ich erstaunt fest: noch keine Fatigue.

Ich habe nun 2 Möglichkeiten: ich höre hier auf und schone mich. Oder aber ich riskiere einen nachfolgenden schweren Tag, weil ich mich evtl. überanstrengt habe.

Aber was wäre das Leben ohne Risiko? Also backe ich einen weiteren Kuchen, friere ihn für „schlechte" Tage ein, bereite noch das Abendessen zu und räume dann auch noch die Küche auf. (Für Menschen ohne Fatigue: das ist für unsereins HÖCHST-Leistung!)

Abends liege ich wieder auf meinem Sofa und wundere mich: ich bin müde, ich bin kaputt – ABER ich bin glücklich, ich bin zufrieden und erfüllt wie lange nicht mehr. Es macht Spaß und Freude, solch einen Tag zu erleben und zu haben – OHNE Fatigue!

Es erfüllt mich, dass ich nicht die Hälfte des Tages „untätig" verbringen musste, sondern endlich einmal einen lebendigen und „schaffenden" Tag erleben durfte.

Ich bin dankbar und genieße. Ich genieße bewusst, denn solche Tage sind selten. Äußerst selten. Und selbst wenn ich morgen erschöpft bin und Besuch von Madame Fatigue bekomme: diesen einen erfüllten Tag kann mir niemand mehr nehmen.

Und hier mal so ganz nebenbei bemerkt: was würde ich darum geben, nicht berentet zu sein, sondern ganz NORMAL arbeiten gehen zu können. Einfach so, und mir nie Gedanken solcher Art machen müssen?! Viel!

Viel würde ich dafür geben. Hallo MS, Hallo Kraft und Energie!

*Innerer Friede gelingt, wenn die Sprache der Seele verstanden wird

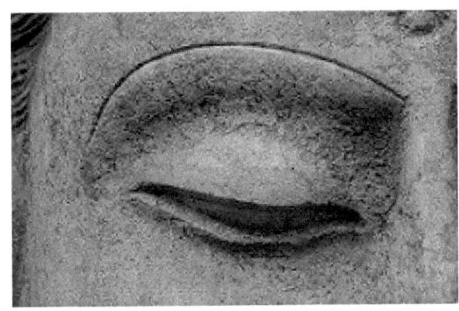

Wie oft verwenden wir im Sprachgebrauch Sätze wie „Es bricht mir das Herz", oder „Ich zerplatze vor Wut".

Oft!

Oder auch: „Das liegt mir schwer im Magen"!

Mit der Sprache drückt sich das Zusammenspiel von Körper und Seele aus. Und das meistens ganz unbewusst.

Und wie oft haben wir genau diesen „Klumpen", der schwer im Magen liegt, auch als genau diesen wahrgenommen.

Schwer, verknotet, belastend …

Ganz oft liegt uns dieser Stein nicht nur im Magen, sondern er wandert sogar.

Auch die Wissenschaft geht inzwischen davon aus, dass viele Krankheiten seelische Ursachen haben und behauptet: „Heilung gelingt, wenn die Sprache der Seele verstanden wird".

Heilung ist für mich ein weiter Begriff, mit dem man sicherlich vorsichtig umgehen muss.

Wenn mir bei MS jemand von „Heilung ist möglich" spricht, reagiere ich oft allergisch.

Nichts desto trotz ist etwas dran an dem Satz, denn in dem Moment, in dem wir uns bewusst werden, dass uns etwas auf der Seele lastet, uns etwas im Magen liegt, ist schon der erste Schritt in die richtige - nämlich bewusste Richtung und damit auch in die heilende - Richtung getan.

Es ist bei jedem Problem hilfreich, sich des Ursprungs bewusst zu werden. Die Ursache zu erkennen, um das Symptom „behandeln" zu können.

Das ist nichts Neues – aber es sich immer wieder bewusst zu machen, hilft, es auch im Alltag anwenden zu können und es vor allem selbstverständlicher anwenden zu können. Im besten Fall würde es uns einfach „in Fleisch und Blut" übergehen und somit würden wir nämlich auch SOFORT mit den heilenden Gedanken beginnen.

MS – das kleine Wörtchen, diese 2 erst einmal unbedeutenden Buchstaben, sie zeigen uns auf ihre Art und Weise deutlich, wo UNSERE Grenzen liegen. Auch die Grenzen der Heilung.

Aber auch hier und vielleicht GERADE weil wir solch eine Krankheit mit „schleppen" müssen, ist es hilfreich, gewisse Symptome sofort „am Schopfe" zu packen.

Denn wenn mir MIT MS etwas schwer im Magen liegt, wandert es oft noch dazu und ungefragt in die Beine – lässt sie bleischwer werden, lahm und steif.

Oder aber dieser Klumpen wandert in die Arme, macht sie kraftlos und taub.

Ganz besonders gerne wandert so ein Kloß auch in den Kopf – lässt uns Schmerzen spüren und/oder Fatigue bekommen.

Wenn uns „der Kragen platzt" und wir wütend sind, kann dies die gleichen Auswirkungen haben – ebenso wie der Stein, der uns auf dem Herzen liegt.

Also ist es sicherlich richtig, wenn wir uns selbst gegenüber achtsam sind und uns in Achtsamkeit schulen, wenn wir mehr auf die innere Stimme hören und unserer Intuition vertrauen.

Da beginnt Heilung – achtsam sein und handeln – der allererste und doch so überaus wertvolle Schritt.

Bleibt und werdet achtsam Euch selbst gegenüber, versucht, den Kloß im Magen zu deuten, streichelt ihn weg … Wenn Euch die Galle überläuft, geht hinaus an die Luft und atmet tief durch – es hilft ☺

Hallo MS; Hallo Achtsamkeit und Hallo erster Schritt zum inneren Frieden.

*Hilfsmittel

Wie oft wird uns gepredigt, sei es von Ärzten oder lieben Angehörigen, wir sollten uns für unsere Beeinträchtigungen einfach ein Hilfsmittel anschaffen.

So einfach scheint das aber gar nicht zu sein...

Ich habe einen Gehstock und der ist natüüüüüüürlich pink ☺. Wenn schon, denn schon ☺. Aber ich gebe zu, es hat gedauert, bis ich ihn mir kaufte.

Meine Freundin benutzt ab und zu einen Rollator in ihrer Lieblingsfarbe grell grün ☺. Und doch erinnere ich mich daran, als sie ihn das erste Mal benutzte und wie frem das für sie war. Verständlich. Eine junge Frau geht mit Rollator shoppen. Ein ungewohntes Bild für die eigene Wahrnehmung und auch für Passanten.

Wer keine andere Wahl hat, also z.B. nicht mehr als 3 Schritte laufen kann, der hat keine Wahl. Er MUSS sich mit dem Hilfsmittel, zum Beispiel einem Rollstuhl, arrangieren. Von vielen Betroffenen weiß ich, dass dies am Anfang sehr schwer war.

Meinen Gehstock benutze ich in meiner gewohnten Umgebung auch nicht gerne. Hier kennt mich kaum jemand als „Behinderte".

Dieser Schritt ist groß und doch kann er uns so viel Freiheit bringen.

Besagte Shopping-Tour mit meiner Freundin und Rollator „Ferdi" verschaffte nicht nur ihr Erleichterung, sondern auch mir, da ich mich ebenfalls mal abstützen und auch zwischendrin hinsetzen konnte und vor allem bot er viel Platz für unsere Einkäufe. ☺

Wo aber ist mein Hilfsmittel für meine Fatigue?

Ich suche es noch – wenn es einer kennt, so möge er es mir doch bitte mitteilen ☺.

Für körperliche Beeinträchtigungen wie Laufen, ist es einfacher, ein geeignetes Hilfsmittel zu finden. Für Inkontinenz gibt es ebenfalls entsprechende Möglichkeiten, einer nassen Hose vorzubeugen, auch wenn dies kein Vergnügen ist.

Aber für Depressionen und Fatigue; für viel nicht sichtbaren Symptome und Krankheiten – da hilft unmittelbar kein Stock.

Was aber hilft und gut tut, ist HILFE von lieben Menschen. Unterstützung in Form von DA-SEIN.

Bei Fatigue, beziehungsweise drohender Fatigue, ist es beispielsweise wichtig, sich oft hinzusetzen, Pausen zu machen und sich gegebenenfalls auf einen Arm stützen zu KÖNNEN. Das ist dann das Hilfsmittel ☺ .

Bei Depressionen hilft angemessene und liebevolle Anteilnahme sowieso Wunder.

Ein Hoch auf alle Helfer, auf Hilfsmittel und vor allem den Mut, sie zu benutzen und ANZUNEHMEN ☺

Die neue Freiheit, die sie uns bescheren, ist wundervoll!

Lasst es uns ausprobieren und berichtet davon, damit sich Neulinge trauen ☺

GLÜCKS-REZEPTE

Da ich Süßes liebe und es mir und meiner Seele gut tut, kommen hier meine ganz persönlichen Glücksrezepte. Ich habe meine Ernährung auf LOW CARB (wenig Kohlenhydrate) umgestellt und deshalb schreibe ich die Rezepte auch immer in der Low Carb Variante auf, oder direkt als „Low-Carb".

An dieser Stelle möchte ich auf die Autorenseite meiner Mentorin Jutta Schütz verweisen, die einige Bücher über Low Carb mit vielen Infos und Rezepten geschrieben hat. Sie befinden sich allesamt auf den Bestsellerlisten.

www.jutta-schuetz-autorin.de

Außerdem ist es mir immer wichtig, für den schnellen Hunger auch einfache Rezepte zu haben. Gerade die letzten drei Möglichkeiten kann man wirklich auf „die Schnelle" zaubern, wenn man die Zutaten im Haus hat.

Und gerade zum „Trost" oder für ein Glücks-Empfinden für den Augenblick ist es dann ja auch wichtig, dass es schnell geht ☺

Vorbereiten, Vorbacken – und kochen ist ebenfalls immer sinnvoll. Wenn man die Speisen frisch einfriert, sind sie beim Auftauen immer noch genauso frisch und lecker.

Süßspeisen:

- Wolken-Traum-Torte
- Frischkäse-Torte Himbeere
- Früchte-Mousse / Low Carb
- Mousse au Chocolat / Low Carb
- EIS selbstgemacht / LOW CARB

Getränke:

- Glücks-Tee 1
- Glücks-Tee 2
- Glücks-Tee 3 (süß)
- Cappuccino-Wolke

Wolken-Traum-TORTE

Zutaten Teig:

100 gr Butter

100 gr Zucker

4 Eigelbe

1 Päckchen Vanillinzucker

½ Päckchen Backpulver

Zutaten Baiser-Masse:

4 Eiweiß

200 gr Zucker

100 gr Mandelplättchen

Zutaten Füllung:

2 Becher Sahne

2 Päckchen Sahnesteif

1 Glas Sauerkirschen

2 Päckchen roter Tortenguss

Zubereitung:

Aus den Teig-Zutaten einen Rührteig herstellen und diesen in 2 Teile teilen.

In zwei gleich große Formen mit Rand geben.

Bei 180°C vorbacken, bis die Böden blass gelb sind.

Eischnee mit dem Zucker steif schlagen.

Die Masse gleichmäßig über jeweils beide Böden streichen, die Mandelplättchen jeweils darauf verteilen und die beiden Böden nochmals weiter backen, bis die Mandelplättchen leicht braun werden.

Einen der beiden Böden nach dem Backen SOFORT in 16 Stücke teilen (der 2. Boden bleibt ganz). Erkalten lassen.

Den unzerteilten Boden in einen Tortenring stellen.

Tortenguss mit dem Saft der Kirschen aufkochen und mit den Kirschen zusammen über den Boden geben. Kalt werden lassen.

Sahne steif schlagen und über die Kirschenmasse geben.

Die geteilten Bodenstücke darauf anordnen.

GUTEN Appetit! ☺

LOW-CARB-Variante:

Zucker gegen XUCKER (Zuckeraustausch-Stoff/Xylit) austauschen

Kirschen: Kirschen ungesüßt

Frischkäse-Torte Himbeere

Zutaten Boden:

300 gr Löffelbisquit

150 gr Butter

(ersatzweise, wenn es schnell gehen muss: einen Tortenboden kaufen).

Alle Zutaten vermengen und in eine Kuchenform füllen und festdrücken.

Zutaten Füllung:

200 gr Frischkäse

150 gr Zucker

1 Päckchen Vanillinzucker

Saft einer Zitrone

3 Becher Schlagsahne

500g Himbeeren (gefroren oder frisch)

1 Packung Götterspeise Himbeergeschmack.

Zubereitung Boden:

Löffelbiskuit in einen Gefrierbeutel geben und zerstoßen und dann in eine Schüssel geben und mit der Butter vermengen. Die Masse in einer Springform verteilen.

Zubereitung Füllung:

Zuerst die Götterspeise in einer Tasse mit zu ¾ heißem Wasser gefüllt auflösen und kräftig umrühren und auch immer wieder zwischendurch umrühren.

Sahne mit Vanillinzucker steif schlagen.

Frischkäse mit Zitronensaft und Zucker vermischen (Handrührgerät).

Das leicht abgekühlte Götterspeisen-Wasser zum Frischkäse hinzufügen und mit Hilfe des Handrührgerätes vermischen. Danach die Schlagsahne unterheben.

Diese Masse in die Springform auf den Boden füllen und nun nach Lust und Laune entweder die Himbeeren darauf verteilen, oder die Himbeeren unter die Sahnefüllung mischen

Kalt stellen: fertig ☺

Guten Appetit ☺

*Früchte-Mousse / Low Carb

Zutaten:

500 gr Erdbeeren oder andere Früchte

1 EL Zitronensaft

5 EL Xucker

1 Beutel gemahlene Gelatine

1 Becher Schlagsahne

Zubereitung:

Erdbeeren waschen und pürieren.

Xucker, Zitronensaft und Gelatinepulver hinzugeben. Sahne steif schlagen und unter die Fruchtmasse heben/mischen und ca. 3-4 Stunden kalt stellen.

Guten Appetit ☺

*Mousse au Chocolat / Low Carb

Zutaten:

150 gr Naturjoghurt

Frischkäse nach Belieben (bis zu einer Packung)

2 – 3 EL Eiweißpulver Schoko

Süße (Xucker oder flüssigen Süßstoff) nach Belieben

1 Becher Schlagsahne

Zubereitung:

Schlagsahne steif schlagen

Alle anderen Zutaten vermischen und die Sahne unterheben. Kalt stellen – fertig ☺

*Eis selbstgemacht / LOW CARB

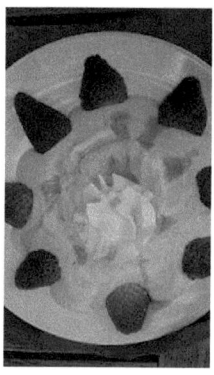

Zutaten:

500 gr gefrorene Früchte

250 gr Naturjoghurt

2 EL Eiweißpulver Vanille

Süße nach Belieben (Xucker, flüssiger Süßstoff)

Zubereitung:

Alle Zutaten vermischen/pürieren: fertig und guten Appetit ☺

*GLÜCKS-Getränke:

*Glücks-Tee „Muße"

Zutaten für ½ Liter Tee:

- 1 Prise Eisenkraut
- 1 Prisen Kamille
- 1 Prisen Lindenblüten
- 2 Prisen Minze
-

Zubereitung:

Die Kräuter mit kochendem Wasser übergießen und den Tee ca. 10 Minuten ziehen lassen- fertig ☺

Süße nach Belieben – auch Honig oder Milch.

Alle Zutaten für den Glückstee gibt es in jeder Apotheke.

Glückstee „Anregung"

Zutaten für ½ Liter Wasser:

½ Apfel

½ Zitrone

½ Zimtstange

3 Gewürznelken

1-2 Pfefferkörner

Zubereitung:

Apfel und Zitrone vierteln und mit den Gewürzen zusammen zehn Minuten köcheln. Absieben – fertig ☺

Glücks-Tee „Süßer Traum"

Zutaten für ½ Liter Wasser:

Teebeutel nach Wahl (oder einer der oben genannten selbst ge-brühten Tees)

Milch nach Belieben (für LC: Sahne oder Soja/Mandelmilch ver-wenden)

1-2 Kugeln (Vanille) - Eis (bei Low Carb entsprechendes LC-Eis)

Sahne als Topping und Kakao zum Bestäuben

Zubereitung:

Tee nach Packungsbeilage aufbrühen und dann die Zutaten hinzu-fügen.

Cappuccino-Wolke

Zutaten:

Espresso nach Wahl

Sahne

Flavour-Drops/Sirup

Milch

Süße (Zucker, Xucker, Süßstoff)

Zubereitung:

Ich brühe mir, da ich ihn nicht so stark mag, immer einen Espresso mit doppelter Menge Wasser auf (das kann natürlich jeder für sich entscheiden).

Dem frischen Kaffee füge ich Sirup nach Geschmack und Belieben hinzu, Milch nach Belieben, Xucker und ein Topping aus Sahne. Darüber streue ich mir sehr gerne ein Zucker (Xucker)-Zimt-Gemisch.

An kalten Tagen hilft hier unter Umständen auch ein Schuss Cognac ☺

GEDICHT für die SEELE

Manchmal

Manchmal, wenn die Rapsfelder blüh`n …
und die Wolken über den Horizont zieh`n …
Manchmal, wenn der Wind über die Felder rauscht,
und Du verzückt der Brise lauschst …
Manchmal, da breitest Du Deine Arme aus,
öffnest sie weit, wie Fenster im Haus …
Manchmal, wenn die Sonne vom Himmel lacht,
und Du Dir endlich mal keine Sorgen machst …

Manchmal, wenn es einer der guten Tage ist,

und Du gerne Deinen Kummer vergisst …

Dann ist das Leben schön, dann stimmt die Harmonie

und Du fühlst Dich voller Energie …

Dann weißt Du was GLÜCK bedeutet,

ahnst, was sich an Schönem andeutet …

Dann fühlst Du Dich frei und geborgen,

und kannst Dich freuen auf die nächsten Tage und auf morgen …

Und Du weißt, es wird noch weitere solcher Tage geben:

Es lohnt sich definitiv zu LEBEN.

Gib niemals die Hoffnung auf,

packe eher noch Zuversicht drauf –

denn eins ist gewiss:

das Leben hat Kraft und hat Biss …

Es lohnt sich für die Liebe zu leben,

das Leben hat Dir noch so viel zu geben.

Nach Schatten kommt auch Sonnenschein,

lass` die Wärme in Dein Herz hinein.

-Heike Führ-

IMPRESSIONEN

Die wahre Lebensweisheit besteht darin, im Alltäglichen das Wunderbare zu sehen.

by multiple-arts.com

Aufstehen,

KRONE richten ...

weiter gehts ...

© MULTIPLE-ARTS.com

Lasst uns

dankbar sein

gegenüber Menschen,
die uns *glücklich* machen.
Sie sind die liebenswerten Gärtner,
die unsere *Seele* zum *Blühen*
bringen.

Marcel Proust

Wer nicht an WUNDER
glaubt,
hat vergessen, dass er
selbst ein großes Wunder ist.

Wenn ein *neuer Tag* Dir zu zwinkert,
dann nimm seine Hand
und setz Dich mit ihm in die Sonne,
beeile Dich nicht
und freu Dich von Herzen,
sei gut zu Dir selbst
– und der Tag gehört Dir.

Jochen Mariss

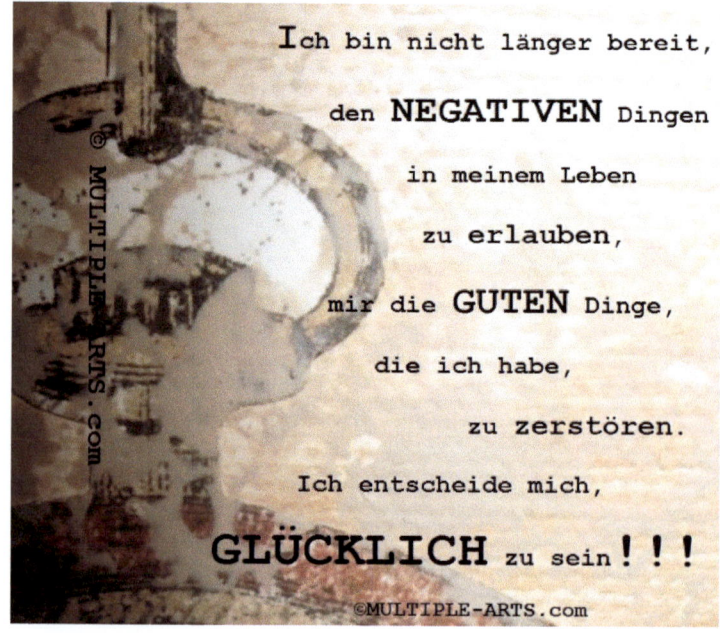

Ich bin nicht länger bereit,
den **NEGATIVEN** Dingen
in meinem Leben
zu erlauben,
mir die **GUTEN** Dinge,
die ich habe,
zu zerstören.
Ich entscheide mich,
GLÜCKLICH zu sein ! ! !

Seelenhund Smiley

Wer meine Homepage und vor allem die dazugehörige Facebook-Seite kennt, kennt unweigerlich auch unseren Hund Smiley.

Wir haben ihn vor zweieinhalb Jahren adoptiert und sind überglücklich mit diesem Schatz.

Fotos: Ingrid Fey

Ich hatte vorher (außer dem Meerschweinchen und Häschen meiner Tochter in der Kinderzeit) nie ein Tier und konnte mir auch zuerst nicht vorstellen, wie es sein würde. Nun kann ich mir ein Leben ohne Smiley nicht mehr vorstellen ☺

So schnell ändert sich das.

Mir persönlich hat dieser Hund, der wirklich zu meinem Seelenhund wurde, sehr gut getan, beziehungsweise genieße ich ihn immer noch.

Ich erwähne das hier nur gesondert, damit ich auch das GLÜCK eines Hundebesitzers aufzeigen kann.

Nicht jeder wird sich einen Hund anschaffen wollen und das ist auch ok so. Für mich war Smiley mehr als ein Segen – wir haben scheinbar aufeinander gewartet und sind nun ein tolles Team.

Er tut mir gut, er tut meinem Mann und der ganzen Familie und sogar unseren Freunden gut ☺

Ich habe auch einige chronisch Kranke auf Facebook schon – unbeabsichtigt- animiert, ebenfalls einen Hund zu adoptieren und bisher nur positive und glückliche Rückmeldung erhalten.

Ich möchte trotzdem niemanden dazu auffordern - aber dieses Glück nicht zu erwähnen, wäre in meinem Fall einfach nicht echt.

by MULTIPLE-ARTS.com

**Zitate
zum Thema GLÜCK
– zum Nachdenken**

Ich möchte hier nicht einfach nur sinnige Zitate präsentieren, sondern dazu anregen, sich diese in einer ruhigen Minute, vielleicht auch nach dem Aufstehen morgens, zu Gemüte zu führen und über deren Inhalt und Aussage nachzudenken.

In mir lösen solche Sprüche immer gleich eine Flut von Überlegungen aus und bereichern meinen Tag, meinen Alltag und somit auch mein Leben.

Ich teile ein paar meiner Gedanken mit Ihnen, aber das sind nur meine eigenen Gedanken und nichts Besonderes. Sie selbst sind der Schlüssel zu Ihren Gedanken, zu Ihrer Welt der Freude. Jeder Leser wird auch seine eigenen Erfahrungen gemacht haben, ebenso, wie jeder unterschiedliche „kleine" Wünsche haben wird.

Deshalb möchte ich meine Gedanken nur als Anreiz verstanden sehen, sich seine eigenen Gedanken zu machen. Es ist nämlich ganz einfach, wenn man solch ein Zitat einfach mal auf sich einwirken lässt.

Viele Menschen versäumen das kleine Glück, während sie auf das Große vergebens warten.

-Pearl S.Buck-

❖ Meine Gedanken dazu, die mir spontan kommen:

Das kleine Glück zu sehen, es wahrzunehmen und sich daran zu erfreuen, kann ein Glücksgefühl auslösen, das sich wirklich über den ganzen Tag erstreckt. Dies kann schon ein fröhlich zwitschernder Vogel am Morgen sein, eine nettes Telefonat oder eine anregende Begegnung unterwegs. Ich denke, dass es nicht immer die großen Dinge sein müssen, die noch dazu voller Erwartungen stecken. Natürlich würde ich mich freuen, wenn ich im Lotto gewinnen würde und mein Leben deutlich angenehmer und vor allem entspannter gestalten könnte. Aber wenn ich nur auf solch ein Ziel, dessen Realisierung noch dazu recht unwahrscheinlich ist, warte, vergeude ich wertvolle Zeit. Ich nehme mir die Chance, genau diese kleinen Dinge wahrzunehmen, die mir beim Warten, was an sich schon nervend sein kann, entgehen würden. Auch FREUDE zu bereiten, zu verschenken, kann ein kleiner und doch sehr großartiger Moment sein.

Menschen zu finden, die mit uns fühlen und empfinden, ist wohl das schönste Glück auf Erden.

-Carl Spitteler-

❖ Meine Gedanken hierzu: Ich lebe mit der Krankheit MS und habe dieses wunderbare Glück, dass es Menschen in meinem Umfeld gibt, die wirklich und ganz ernsthaft mit mir fühlen — dies durfte ich schon erleben und erfahren. Genauso kenne ich aber auch die Kehrseite und weiß deshalb dieses Mitgefühl und die Anteilnahme, die solche Menschen GEBEN, sehr zu schätzen!

Das Glück des Lebens besteht nicht darin, wenig oder keine Schwierigkeiten zu haben, sondern sie alle siegreich und glorreich zu überwinden.

-Carl Hilty-

❖ Vielleicht würde ich selbst diesen Satz nicht ganz so theatralisch formulieren, aber die Aussage ist ja, dass Schwierigkeiten, die unweigerlich zum Leben dazu gehören, gemeistert werden wollen. Wenn wir das schaffen und uns dessen bewusst sind, können wir wirklich von GLÜCK reden. In meinem Fall ist es Glück, dass ich gelernt habe, mit meiner MS so zu leben, dass ich täglich GLÜCK empfinden und sehen kann. Ich habe Glück, trotz der Schwierigkeit MS, zu wissen, dass ich mein Leben anpacke und trotz dieser Hürde sowohl glücklich bin, als auch stolz, es zu schaffen!

Wer ständig glücklich sein möchte, muss sich oft verändern.
-Konfuzius-

❖ Es ist anstrengend, das Glücklichsein als ein MUSS zu empfinden. Dann ist es nämlich eine Art Kampf und Zwang und allein das nimmt schon die größte Voraussetzung für das Glück: die Gelassenheit! Zu lernen, sich aber an den oben erwähnten kleinen Dingen zu erfreuen, das ist Glück und das ist der richtige und ungezwungene Weg.

Das Geheimnis des Glücks liegt nicht im Besitz, sondern im Geben. Wer andere glücklich macht, wird glücklich.

-Andre Gide-

❖ Geben ist etwas Wunderbares. Geben ist zum Beispiel auch Liebe und Freundschaft, Zuneigung und Beistand, Fürsorge und Hilfe. Einem Freund zuzuhören, wenn er Kummer hat, ihm vielleicht sogar einen sinnvollen Ratschlag erteilen zu können – das ist GLÜCK.

Glück entsteht oft durch Aufmerksamkeit in kleinen Dingen, Unglück oft durch Vernachlässigung kleiner Dinge.

-Wilhelm Busch-

❖ Manche Zitate überschneiden sich in ihrer Aussage. Aber wieder ist dieses Anliegen so wahr und immens wichtig: während wir die kleinen Dinge übersehen und dem vermeintlich großen Glück hinterher laufen, rennen wir eher ins Unglück. Allzu oft tragen wir nämlich Scheuklappen, wenn wir Etwas hinterher rennen, weil wir zu sehr auf das Objekt der „Begierde" konzentriert sind. Schade, denn am Wegesrand stehen oft die schönsten und unkompliziertesten Blumen.

Uns gehört nur die Stunde. Und eine Stunde, wenn sie glücklich ist, ist viel.

-*Theodor Fontane*-

❖ Dies kann man natürlich auch wieder vielfältig deuten, aber ich finde es wirklich wunderschön, wenn ich eine Stunde reinen Glücks erlebe. Sei es ein Treffen mit Freunden, das mich glücklich macht, oder eine Reaktion eines meiner Leser, oder sei es eine SMS meiner Kinder. Ich kann mich mittlerweile über solche Aufmerksamkeiten so sehr freuen, dass sie mich tatsächlich einen ganzen Tag lang „tragen", manchmal auch noch länger.

Glück, das ist einfach eine gute Gesundheit und ein schlechtes Gedächtnis.

-*Ernes Hemingway*-

❖ Ohne Humor kämen wir alle nicht weit – wir chronisch Kranken erst recht nicht! Ein schlechtes Gedächtnis kann seine Vorteile haben – das wird jeder für sich selbst erkennen können.

Glück ist ein Parfüm, das Du nicht auf andere sprühen kannst, ohne selbst ein paar Tropfen abzubekommen.

-Ralph Waldo Emerson-

❖ Es ist wirklich so, dass wir glückliche Momente, die wir mit anderen teilen, immer auch auf den jeweiligen Partner übertragen. Lachen ist ansteckend. Beschenkt zu werden öffnet die Seele ebenso, wie sie dem Schenkenden gut tut. So gibt es noch unzählige Beispiele. Glückstropfen zu verschenken, ist für beide Seiten ein Geschenk der ganz besonderen Art und festigt noch dazu die jeweilige Beziehung

Das Vergleichen ist das Ende des Glücks und der Anfang der Unzufriedenheit.

-Soren Kierkegaard-

❖ Sich mit anderen zu vergleichen, ist nur dann gut, wenn man sich – im gesunden Maße- anspornen möchte. Ansonsten wird ein Vergleichen immer einen unschönen und faden Beigeschmack haben. Schnell kommen dann auch Gefühle wie Neid und Missgunst hoch, die unsere Seele versteinern lassen können.

Noch dazu, das sagt auch das nächste Zitat aus, ist immer die Frage, was wir SEHEN und was der tatsächliche IST-Zustand einer wahrgenommenen Situation ist. Allzu oft packen wir auch viel zu viel in diese subjektive Wahrnehmung mit hinein und nehmen das ECHTE gar nicht wahr!

Glücklich ist nicht, wer anderen so vorkommt, sondern wer sich selbst dafür hält.

-Luscius Annaeus Seneca-

❖ Sich frei von den äußeren Umständen glücklich zu fühlen, ist eine Kunst.

Ich halte mich TROTZ meiner mich sehr beeinträchtigenden MS für glücklicher, als es vermutlich manche gesunde Freunde in meinem Umfeld tatsächlich sind. Ich habe trotz MS ein ausgefülltes Leben, ich habe Familie, einen tollen Ehemann und wundervolle Kinder. DAS ist Glück für mich – meine MS spielt in diesem Moment erst einmal keine Rolle.

Nicht die Glücklichen sind dankbar. Es sind die Dankbaren, die glücklich sind.

-Francis Bacon-

❖ Mit diesem Zitat beende ich hier meine Gedankenanregungen.

Dankbarkeit ist meines Erachtens ein zentrales und äußerst wichtiges Thema. In dem Moment, in dem ich DANKBAR sein kann und BIN, sind mir nämlich meine „Geschenke", mein innerer Reichtum und all das Schöne bewusst. Das passiert in einem solchen Fall fast automatisch. Dankbarkeit bedeutet auch immer, sich mit dem, was man HAT, auseinander zu setzen und dies zu SCHÄTZEN! Ich schätze mein Leben. Ich schätze es, dass ich eine milde Verlaufsform der MS habe – ich bin dankbar dafür und für viele andere „Schätze" in meinem Leben ebenfalls.

Sinnieren Sie einfach selbst ein bisschen über diese Zitate und auch über meine Gedanken. Suchen Sie Parallelen oder Unterschiede. Egal, was Sie über meine Gedanken denken — im Moment des darüber Nachdenkens setzen Sie sich schon damit auseinander und sind mitten drin im Sinnieren ... Mit viel Muße kann daraus gar ein Meditieren werden. Haben Sie den Mut dazu.

Menschliches Glück stammt nicht so sehr aus großen Glücksfällen, die sich selten ereignen, als vielmehr aus kleinen glücklichen Umständen, die jeden Tag vorkommen.

-Benjamin Franklin-

Man will gar nicht nur glücklich sein, sondern glücklicher als die anderen. Und das ist deshalb so schwer, weil wir die anderen für glücklicher halten, als sie sind.

-Charles-Louis de Montesquieu-

Glück ist das einzige, was wir anderen geben können, ohne es selbst zu haben.

-Carmen Sylva-

Interviews
zum Thema Glück

Da mich auch die Meinung anderer zum Thema Glück beschäftigt, habe ich mir Interviewpartner gesucht und bin wirklich berührt und beeindruckt von den vielen unterschiedlichen Ansichten und der Offenheit, mit der sie mir begegneten. Ganz lieben Dank dafür.

Dadurch beleuchten sie alle, ohne mein Manuskript zu kennen, die vielen verschiedenen Facetten, die ich hier ja auch aufgeführt habe.

Anja und Sandra machen den Beginn, danach teilen mir das Paar Tanja und Ronni ihre Gedanken mit – das ist nochmals eine neue und andere Perspektive, da Tanja MS hat und Ronni nicht.

Danke, dass Ihr Euch die Zeit nehmt, auf meine Fragen zu antworten. Und bitte habt die Freiheit, eine Frage auch nicht zu beantworten, wenn Ihr nicht mögt.

1) Interview mit Anja Kaufmann, MS seit 23 Jahren, 44 Jahre alt

Was ist für DICH Glück?

❖ Glück kann Vieles sein. Die Wolken am Himmel, das Rauschen des Meeres, die Anwesenheit meiner Kinder und die Gespräche, ein Treffen mit lieben Freunden oder Kollegen; Eltern und Geschwister zu haben, die immer für einen da sind. Einfach so sein zu dürfen wie man ist und sich geborgen zu fühlen.

Bist Du glücklich?

❖ Ich denke, dass man nicht immer glücklich sein kann, sonst würde man das Glück gar nicht spüren. Aber ja, es gibt Momente, Augenblicke und Situationen, in denen ich es mittlerweile wirklich spüren kann. Manchmal würde ich es gerne festhalten, aber es zerrinnt. Es kommt aber immer mal wieder zurück ☺

Wie oft bist Du glücklich? (z.B. mehrmals am Tag, 1x pro Woche, nie)

❖ Natürlich gibt es auch Tage, an denen man denkt, dass man vom Glück verlassen wurde, aber das stimmt nicht wirklich. Glücksmomente nehme ich oft nur kurz wahr, da der Alltag mich sehr schnell wieder aus diesem Gefühl herausreißt. 2-3 x in der Woche bin ich ganz bewusst glücklich, wobei ich Vieles auch einfach als normal ansehe, was aber als Glück zu deuten ist.

Ist Glück das Gegenteil von Unglück?

❖ Nein, würde ich nicht sagen. Unglück ist etwas ganz anderes, denn es ist einschneidend und lebensverändernd.

Wie genau fühlst Du Dich, wenn Du glücklich bist?

❖ Ich muss lächeln und mein Herz geht auf, wenn ich glücklich bin. Es wird alles leichter und wärmer. Ich merke dies auch zum Beispiel an meinen Augen und meiner Haltung. Alles ist viel entspannter und gelöster.

Wie fühlst Du Dich, wenn Du unglücklich bist?

❖ Unglücklich? Das ist auch so ein schweres Wort. Ich weiß nicht, ob ich in den letzten Jahren mal so richtig unglücklich war. Damals, als mein Neurologe mir die Diagnose MS mitteilte und ich eigentlich dachte, dass ich nach meiner Kieferoperation (die mich viele Jahre der Vorbereitung mit Klammern und Schmerzen gekostet hat) ein neues und leichteres Leben beginnen könnte (und das auch noch 2 Wochen vor meiner Hochzeit war) - da war ich wirklich unglücklich, und das war ein zerstörender Zustand beziehungsweise zerstörendes Gefühl.

Würdest Du dich als optimistischen Menschen sehen?

❖ Ja. Es gibt für alles irgendwie einen Weg.

Kennst Du Depressionen?

❖ Nicht wirklich. Nur aus meinem Umfeld. Ich hatte zum Glück noch nie so richtig damit zu tun.

Wärst Du gerne öfters glücklich?

❖ Dann würde ich diese Momente vielleicht nicht zu schätzen wissen ...

Hast Du Dir vor unserem Interview überhaupt so viele Gedanken über Glück gemacht?

❖ Ja, ein bisschen. Wobei mir nicht wirklich bewusst war, dass ich dieses Gefühl doch öfter erlebe als gedacht.

Ist Gesundheit Glück?

❖ Für mich als chronisch Kranken, ist Gesundheit natürlich ein großes Glück. Und ich bin glücklich darüber, dass meine Kinder gesund sind. Das reicht mir eigentlich schon.

Ist es Unglück, nicht gesund zu sein?

❖ Nein, es ist Schicksal. Es kommt immer darauf an, was man aus seiner Krankheit macht. Auch wenn ich oft wütend, traurig und ziemlich fertig bin, würde ich es (für mich persönlich) nie als Unglück bezeichnen.

Ich danke Dir sehr liebe Anja!

2) Interview mit Sandra Bugislaus, MS seit 13 Jahren, 46 Jahre alt

Was ist für Dich Glück?

❖ Dass ich geboren wurde und leben darf. Dankeschön Mama und Papa !

Bist Du glücklich?

❖ Ja, und wie ich das bin - auch mit MS!

Wie oft bist Du glücklich (z.B. mehrmals am Tag, 1 mal pro Woche, nie?

❖ Mehrmals am Tag, weil das Leben toll ist - auch mit der MS. Es ist sogar noch wertvoller geworden seit der MS.

Ist Glück das Gegenteil von Unglück

❖ Ja, das ist es. Als ich noch gesund und aktiv war, noch mit Power gearbeitet habe – das war für mich Glück. Unglück ist, dass ich krank geworden bin: blöde MS, auf einmal ist alles anders!

Wie genau fühlst Du Dich, wenn Du glücklich bist?

❖ Wenn ich an bestimmten Tagen einiges im Haus und Garten geschafft habe - Quad oder Fahrrad gefahren bin: dann bin ich einfach glücklich! Und weil mein Mann an meiner Seite steht!

Wie fühlst Du Dich, wenn Du unglücklich bist?

❖ Dann bin ich niedergeschlagen, traurig und muss auch mal weinen! Dann brauche ich auch mal Jemanden zum Reden, damit es mir wieder besser geht! Ich lenke mich schnell ab, um wieder hoch zu kommen!

Würdest Du Dich als optimistischen Menschen sehen?

❖ Auf jeden Fall! Ich bin ein positiver Mensch, ich sehe nach vorne und nicht zurück! Ich lebe mit der MS und nicht die MS mit mir!

Kennst Du Depressionen?

❖ Oh ja, und ob! Ich bin davon aber ganz schnell weggekommen, als ich das erste Mal Antidepressiva bekam! Allerdings, als ich merkte, dass die Tabletten mich irgendwie „zu" machten, habe ich sie schnell wieder abgesetzt. Ich fühlte mich damit wie „eingesperrt" und jetzt bin ich wieder frei!

Wärst Du gerne öfters glücklich?

❖ Nein, so wie ich mich jetzt fühle und wie ich jetzt bin, ist es vollkommen in Ordnung! Ich bin glücklich.

Hast Du Dir vor unserem Interview überhaupt so viele Gedanken über Glück gemacht?

❖ Nein, weil ich so wie ich bin, glücklich bin!

Ist Gesundheit Glück?

❖ Auf jeden Fall, denn man ist beschwerdefrei!

Ist es Unglück, nicht gesund zu sein?

❖ Also für mich nicht, weil ich leben darf - auch mit der MS! Ich bin geboren um zu leben!!!

Ich danke Dir sehr liebe Sandra!

3) Interview mit Tanja Eifert, 43 Jahre MS-Diagnose seit Mai 2010

Was ist für DICH Glück?

❖ Einen so tollen und liebenswerten Partner zu haben, wie ich ihn jetzt habe, der immer für mich da ist, auch wenn es mir mal schlecht geht. Gesundheit bedeutet für mich auch Glück, auch wenn ich an einer Autoimmunerkrankung wie MS leide, bin ich trotzdem glücklich, dass es mir so geht, wie es mir geht. Für mich ist auch Glück, jeden Tag „gesund" aufstehen zu können, auch wenn es manchmal beschwerlich ist und die MS eines ihrer Gesichter zeigt.

Glück ist für mich, ein eigenes Zuhause zu haben und dass es mir finanziell einigermaßen gut geht. Ich möchte mich über nichts beschweren, es ist alles gut, so wie es ist.

Bist Du glücklich?

❖ Ja, ich bin glücklich, ich hatte eine schöne Kindheit mit 3 weiteren Geschwistern, hatte eine tolle Schulzeit und eine tolle Ausbildung und jetzt auch einen tollen Beruf. Ich habe eine tolle Familie, tolle Freunde und super nette Arbeitskollegen, auch wenn es in all diesen Bereichen manchmal nicht einfach ist.

Was mein Glück absolut perfekt macht, ist mein Partner, den ich seit Ende 2007 kenne, der mir im August dieses Jahres einen tollen Heiratsantrag gemacht hat und den ich über alles liebe. Er macht mich und mein Leben unwahrscheinlich glücklich.

Wie oft bist Du glücklich? (z.B. mehrmals am Tag, 1x pro Woche, nie)

❖ Das kommt auf den Tag und die Situation an. Ich bin von Natur aus ein optimistischer Mensch, von daher eigentlich jeden Tag gut gelaunt und auch glücklich. Natürlich gibt es Tage, an denen es einem nicht gut geht oder irgendwelche unvorhersehbaren negativen Dinge passieren, aber die guten Tage überwiegen.

Ist Glück das Gegenteil von Unglück?

❖ Ja, eigentlich schon!

Mal bezogen auf meine Erkrankung MS, ist es natürlich ein Unglück eine solche Erkrankung zu haben. Ich lebe nach dem Motto: „ Die Erkrankung muss mit mir leben und ich nicht mit der Erkrankung." Ich denke aber immer - und bin so eingestellt, dass es andere Menschen gibt, denen es viel schlechter geht als mir - von daher habe ich trotz meiner MS Glück, dass sie so verläuft, wie sie verläuft und ich hoffe, das bleibt noch viele Jahre so.

Wie genau fühlst Du Dich, wenn Du glücklich bist?

❖ Wenn ich glücklich bin geht es mir gut, ich bin gut gelaunt, mir geht es körperlich gut, ich freue mich. Ich freue mich auch für andere, wenn sie Glück haben/hatten, z. B. wenn sie etwas gewonnen haben. Außerdem fühle ich mich jeden Tag glücklich, einen solch tollen Partner zu haben, der mich glücklich macht, mich jederzeit unterstützt und immer für mich da ist, der unser gemeinsames Leben glücklich macht und der mir mit vielen Überraschungen mein und unser Leben glücklich macht.

Wie fühlst Du Dich, wenn Du unglücklich bist?

❖ Dieses Gefühl kommt zum Glück sehr selten in meinem Leben vor. Natürlich ärgert man sich über viele Dinge im Leben und auch manchmal täglich, aber wirklich unglücklich bin ich sehr sehr selten. Eine Situation kommt mir spontan in den Sinn, nämlich der Tag, an dem ich die Diagnose MS bekam. An diesem Tag war ich echt unglücklich, aber andererseits auch froh, dass ich meinen Partner an meiner Seite hatte, der für mich in dieser Situation da war und bis heute auch noch ist.

Würdest du dich als optimistischen Menschen sehen?

❖ Absolut! Wie oben schon einmal beschrieben, stehe ich morgens schon gut gelaunt auf, es wird früh morgens auf der Arbeit schon gelacht, es wird generell bei mir/bei uns viel gelacht. Egal um welche Situation es bei mir selbst und auch bei anderen geht - ich versuche immer, meinen Optimismus, mein Glück und mein Wissen hierzu an Andere durch z. B. Veranstaltungen, wie den jährlichen Welt-MS-Tag, weiterzugeben. Zu meinem Optimismus trägt auch meine tolle Partnerschaft bei.

Man muss mich schon bis aufs Blut reizen, um mich auf die Palme zu bringen ☺

Kennst Du Depressionen?

❖ Ja, die kenne ich auch. Im Rahmen meiner Erkrankung hatte ich schon einige Tage, an denen ich den ganzen Tag einfach geweint habe, einfach so ohne Grund.

In solchen Situationen ist es toll und auch super wichtig einen so tollen Partner zu haben, wie ich, der einem dann einfach in den Arm nimmt, tröstet und wieder auffängt.

Wärst Du gerne öfters glücklich?

❖ Wer wäre gerne nicht jeden Tag glücklich! Ich für mich möchte behaupten, dass das Verhältnis Glück in meinem Leben sehr gut ist und ich wesentlich häufiger glücklich bin als „unglücklich".

Hast Du Dir vor unserem Interview überhaupt so viele Gedanken über Glück gemacht?

❖ Ganz ehrlich NEIN! Ich freue mich, dass mein Leben so ist, wie es ist und ich ein überwiegend glücklicher Mensch bin.

Ist Gesundheit Glück?

❖ Natürlich ist Gesundheit Glück, man kann auch etwas dafür tun. Aber wenn ich manche Menschen sehe und erlebe, wie sie mit ihrer Gesundheit umgehen, macht mich das eher unglücklich. Denn die Gesundheit hat man nur einmal im Leben und sie will gepflegt werden, denn sonst ist sie dahin.

Trotz meiner MS bin ich mit meiner Gesundheit glücklich, da es mir im Verhältnis zu vielen anderen echt gut geht und ich mir wünsche und hoffe, dass dies so bleibt. Ich habe durch diese Erkrankung so viel tolle Menschen und Gleichgesinnte, sowohl im Internet als auch persönlich kennengelernt, was mich ebenfalls sehr glücklich macht.

Ist es Unglück, nicht gesund zu sein?

❖ Für den ein oder anderen schon, das liegt im Auge des Betrachters. Es kommt darauf an, welche Erkrankung man hat. Natürlich ist ein Krebspatient wahrscheinlich nicht wirklich glücklich, aber es kommt auch immer darauf an, was man aus seinem Leben macht und wer einem hier begleitet. Ich habe auch eine Autoimmunerkrankung wie MS und bin absolut glücklicher Mensch!

Ich danke Dir liebe Tanja!

4) Ronald Stadler, 46, (Partner von Tanja) – keine MS

Was ist für DICH Glück?

❖ Wie leichtfertig sagt man, ich bin glücklich, oder „Glück gehabt". Aber so banal diese Frage auch klingen mag, so anspruchsvoll ist sie zugleich. Nun muss ich mir erst einmal ein wenig Zeit nehmen um für mich persönlich den Begriff "Glück" zu definieren. Glück kann so Vieles sein, angefangen von einem spontanen persönlichem Empfinden bis hin zum sprichwörtlichen Glück, wie man ihn z.B. vom Glücksspiel her kennt. Nun möchte ich aber versuchen, meine eigene Definition von Glück zu finden. Mit meinen folgenden Erklärungen versuche ich nun, obwohl es wirklich schwer ist, Glück von einfach nur gutem Gefühl zu trennen.

Ähnlich wie beim Glücksspiel, ist es auf menschlicher Ebene für mich wahres Glück, aus Milliarden von Menschen einen zu finden, der erst einmal fremd, dennoch bereit ist, den Lebensweg mit mir zu teilen.

Für mich ist Glück aber auch das alltägliche Glück, wenn man z.B. gedankenversunken über die Straße läuft und um Haaresbreite nicht überfahren wird, wenn man ein vierblättriges Kleeblatt findet oder wenn man in letzter Sekunde noch die Türe zu fassen bekommt, bevor sie durch einen Windzug ins Schloss fällt und der Schlüssel in der Wohnung liegt. Ein Glücksgefühl kommt ebenfalls auf, wenn man beruflich einen unerwarteten Erfolg verzeichnen konnte oder man erfährt, dass wichtige Menschen an einem Reiseziel gut angekommen sind.

Je mehr ich mich mit dem Glück befasse, desto mehr komme ich zu dem Schluss, dass für mich das Wort "Glück" eine kurzfristige, eher spontane Empfindung oder ein kurzfristiger Zustand ist. Alles was darüber hinausgeht, ist das unbeschreibliche Gefühl von großer Erfüllung und Zufriedenheit. Je intensiver ich mich mit den Fragen und der Begrifflichkeit des Glücks auseinandersetze, umso bewusster wird mir, wie lange sich mein Interview-Partner schon darüber Gedanken gemacht hat, denn die Fragen sind sehr bewusst gewählt und haben einen tieferen Sinn, als es auf den ersten Blick erscheinen mag.

Bist Du glücklich?

❖ Da ich in meiner ersten Frage Glück als einen kurzfristigen und spontanen Zustand beschrieben habe, bin ich in erster Linie sehr zufrieden. Immer wieder bin ich sehr begeistert von Menschen, die meinen Lebensweg mit mir teilen. Vor allem meine Lebensgefährtin gibt mir das unbeschreibliche Gefühl von Lebensfreude, Zufriedenheit, der guten Laune und tiefer Vertrautheit. Glück war es, dass sie mich gefunden hat. Somit muss ich sagen, ja ich bin immer wieder mal glücklich, was sich aber dann in ein vertrauteres Gefühl verändert.

Nun möchte ich aber auch die Gelegenheit nutzen um gezielt Beispiele anzuführen, die mich glücklich und zufrieden machen. Mein größtes Glück ist meine Partnerin, Lebensgefährtin und zukünftige Frau. Ich liebe sie von ganzem Herzen und es macht mich glücklich, wenn Sie bei mir ist. Dass sie mich damals gefunden hat, ist für mich wahres und unbeschreibliches Glück. Sie hat ein Herz aus Gold, ist einfach ein wahnsinnig toller Mensch, der in jeder Lebenssituation zu mir hält und auch mal dunkle Wolken vertreibt, denn sie ist ein echter Sonnenschein. Sie ist ein Mensch, mit dem man über alles reden und Pferde stehlen kann, aber auch von Herzen lachen kann.

Ich bin glücklich darüber, meinen kleinen Bruder zu haben, der für mich zeitlebens mehr als nur ein Bruder war und dem Familie und Zusammenhalt genauso wichtig ist wie mir selbst. Es macht mich glücklich, dass ich Dank meiner Eltern, deren Erziehung und Einstellung zu dem Menschen geworden bin, der ich heute bin.

Doch auch die Tatsache, dass ich die Gelegenheit hatte, einem Menschen durch eine Stammzellenspende möglicherweise ein zweites Leben zu schenken, macht mich sehr glücklich und gibt mir einfach ein sehr gutes Gefühl.

Das ist ein wahres Geschenk. Im Laufe meines Lebens habe ich viele Menschen kennengelernt, doch wahre Freunde sind sehr selten und ich kann mit Stolz behaupten, wirklich das Glück gehabt zu haben, dass ich echte Freunde fürs Leben gefunden habe, auch wenn wir uns nur selten sehen. Wenn ich andere Menschen eine Freude machen kann, bin ich glücklich. Es gibt aber auch materielle Dinge, die mich glücklich machen. Dazu zählt beispielsweise das große Glück, trotz finanzieller Niederschläge in der Vergangenheit, heute gemeinsam mit meiner zukünftigen Frau in einem eigenen Haus leben zu dürfen. Es sind also hauptsächlich bestimmte Menschen in meinem Leben, die mich glücklich machen, aber auch die eine oder andere materielle Gegebenheit.

Wie oft bist Du glücklich? (z.B. mehrmals am Tag, 1 x pro Woche, nie)

❖ Ich denke, dass ich das nicht pauschal beantworten kann. Natürlich bin ich stets bestrebt, im privaten sowie im beruflichen Umfeld immer wieder Glücksmomente zu schaffen, durch Erfolge in gewissen Bereichen, durch kleine Geschenke oder Aufmerksamkeiten, oft auch nur durch Worte. Doch eine pauschale Aussage darüber zu treffen, ist aus meiner Sicht nicht möglich.

Trotzdem bin ich immer bestrebt, mehrmals in der Woche für diverse Glücksgefühle zu sorgen, was nicht immer gelingt. Manchmal reicht auch schon ein kurzer Satz, wie z.B. "Hey, das hast Du echt toll gemacht" um sich glücklich zu fühlen, es ist aber natürlich auch abhängig von der jeweiligen Situation.

Ist Glück das Gegenteil von Unglück?

❖ Aus meiner Sicht definitiv nicht. Ich denke, dass man Glück und Unglück getrennt voneinander betrachten sollte. Man braucht kein Glück um Unglück auszugleichen, und Gleiches gilt auch umgekehrt. Dunkelheit kann ich nur mit Licht beseitigen - um Unglück zu beseitigen, braucht man aber nicht automatisch Glück. Denn manchmal kann man Unglück nicht einfach so beheben. Ein gutes Beispiel hierfür wäre der Tod eines geliebten Menschen, was eindeutig als persönliches Unglück zu betrachten ist. Selbst mit allem Glück der Welt könnte man die Situation nicht ändern.

Die Zeit, das eigene Denken und liebe Menschen im eigenen Umfeld können zwar das Unglück nicht rückgängig machen, aber auf längere Zeit gesehen, wieder ein normales Empfinden, natürlich auch für Glücksmomente, herbeiführen.

Wie genau fühlst Du Dich, wenn Du glücklich bist?

❖ Es ist gar nicht mal so einfach, das zu beschreiben. Es ist wie eine Art Adrenalin-Kick, ein rundum wohliges Gefühl. Ein Gefühl der Heiterkeit, gemischt mit ein wenig positiver innerlicher Unruhe, weil man vor lauter Glück einfach nicht stillhalten kann und es am liebsten richtig laut in die ganze Welt hinausschreien möchte. Ein Gefühl vollster Zufriedenheit, voller Freude, während das Herz vor lauter Aufregung fast aus der Brust springen möchte.

Manchmal habe ich feuchte Augen und ich könnte die ganze Welt umarmen. Zudem bin ich dann so aufgeregt, dass ich nicht mehr ruhig sitzen bleiben kann und einfach das Bedürfnis habe aufzustehen oder mich zu bewegen. Aber auf jeden Fall ist es ein Gefühl, dass man gerne immer und immer wieder spüren möchte.

Wie fühlst Du Dich, wenn Du unglücklich bist?

❖ Wenn ich unglücklich bin, schlagen zwei Herzen in meiner Brust. Auf der einen Seite möchte ich dann gerne mit mir und der gegebenen Situation alleine sein, andererseits ist es gut jemanden zu haben, mit dem ich darüber sprechen kann, der mich versteht und mir dann das Gefühl gibt, nicht alleine zu sein. Das Gefühl unglücklich zu sein, ist stark mit dem Gefühl der innerlichen Trauer vergleichbar. Es kommt eine Leere auf und in gewisser Weise ein Gefühl der Hoffnungslosigkeit. Die Sinne sind nur noch auf dieses eine Gefühl fixiert und ich möchte davon einfach weglaufen. Oftmals fehlt mir jegliche Lust zu sprechen, zumindest erst einmal. Dann sitze ich einfach nur da und versuche die Situation zu erfassen. In solchen Situationen gehen mir tausende Gedanken durch den Kopf, angefangen von Wut, Hass, Enttäuschung, bis hin zu der immerwährenden Frage. "Warum". Dann versuche ich das Gefühl häufig mit Schimpfen und Fluchen zu kompensieren. Irgendwann kommt es dann zu dem Gefühl, sich anderen Menschen mitteilen zu wollen – vielleicht, um einfach nur zu sehen, ob ich die Situation vielleicht selbst komplett falsch eingeschätzt habe oder hätte dem Ganzen entgegenwirken können.

Würdest Du Dich als optimistischen Menschen sehen?

❖ Was diese Frage betrifft, kann ich keine eindeutige Antwort geben. Ich würde sagen, teils, teils. Es gibt Tage und Momente, da könnte ich Bäume ausreißen und bin voller Tatendrang. Dann bin ich sehr positiv eingestellt und es gibt keinen Gedanken, der mich von der Einstellung „Alles wird gut" abbringen könnte. An solchen Tagen habe ich auch den nötigen Weitblick um Situationen gut und langfristig einschätzen zu können und packe trotzdem an, auch wenn manche Situation sich zum aktuellen Zeitpunkt als nahezu gescheitert darstellt. Es gibt aber auch Tage, an denen wird mir alles zu viel, nichts klappt so wirklich und es scheint so, als würde jegliche Anstrengung irgendetwas zu bewegen nichts bringen. Das sind die Tage, an denen man das Gefühl hat, die ganze Welt stellt sich gegen einen und man spielt die Rolle des Verlierers in einem Theaterstück, dessen Drehbuch ein Sadist geschrieben hat. Und ich würde sagen, dass sich diese Empfindungen immer wieder abwechseln, ähnlich den sinusförmigen Wellen eines Biorhythmus´.

Kennst Du Depressionen?

❖ Ich habe bisher noch keine Erfahrung mit Depressionen gemacht, daher kann ich nur vom Hören und Sagen argumentieren. Es scheint so, als würde bei Menschen, die an Depressionen leiden, der Schalter fehlen, um sich aus einer unglücklichen Situation wieder allmählich in den Normalzustand zu bewegen. Es gibt keine positiven Impulse mehr, die irgendeinen Sinn ergeben, weil alles sinnlos geworden ist.

Nach all dem, was ich bisher darüber gelesen und gehört habe, stelle ich mir eine Depressionen in etwa so vor, als wäre man bereits hunderte von Kilometern durch die Wüste gelaufen, der Durst wird unerträglich und irgendwer sagt zu Dir.. „Du findest sicher gleich ein Wasserloch". Die Sinne sind verwirrt und eine positive Nachricht kommt gar nicht erst da an, wo sie hinkommen soll.

Man ist derart in dieser Situation gefangen, dass jegliche positive Information als absolut irreal erscheint. Aber trotzdem denke ich, dass man dieser Gefangenschaft mit professioneller Hilfe entkommen kann.

Wärest Du gerne öfters glücklich?

❖ Nun, vielleicht wünsche ich mir in der einen oder anderen Situation mehr Glücksmomente, aber grundsätzlich bin ich sehr zufrieden damit, was ich bis heute erreicht habe und welche positive Fügung das Leben genommen hat. Mir ist sehr bewusst geworden, dass der eigentliche Fokus auf das Geschehen erst im Nachhinein richtig scharf und konkret wird, weil ich rückblickend Situationen ganz anders einschätzen kann. So habe ich viele Dinge in meinem Leben erlebt, die ich, während ich in dieser Situation gefangen war, mit keiner Brille dieser Welt hätte positiv sehen können. Doch geht man einen Schritt zurück, blickt ein wenig über den Tellerrand und lässt Erlebnisse im Leben Revue passieren, entdeckt man das wirklich Positive daran. Heute bin ich so weit zu sagen, dass ich behaupte, dass ich viele negative Situationen einfach erleben musste, um die oft kleinen, aber sehr positiven Dinge im Leben wirklich schätzen zu können. Wäre ich gerne öfters glücklich? Ich denke nicht. Denn eigentlich habe ich alles, was man sich wünschen kann.

Hast Du Dir vor unserem Interview überhaupt so viele Gedanken über Glück gemacht?

❖ Wie bereits eingehend bei der ersten Frage erwähnt, musste ich mir erst einmal bewusst darüber werden, was für mich persönlich Glück bedeutet. Inzwischen denke ich, dass man das Wort Glück oft verwendet um ein ganz anderes Gefühl zu beschreiben, einfach nur, weil man es halt so sagt und ohne sich bewusst darüber Gedanken zu machen.

Und um abschließend die Frage zu beantworten.. Nein, ich habe mir bisher definitiv nie so viele Gedanken über Glück gemacht. Jeder sollte sich einfach mal ein wenig Zeit nehmen um für sich selbst zu beschreiben, was Glück bedeutet. Denn erst wenn man dafür eine feste Definition gefunden hat, wird es auch messbar und man kann beschreiben ob, wie oft und was einen glücklich macht.

Ist Gesundheit Glück?

❖ Nein. Aber ich denke, dass Gesundheit etwas ist, was man wertschätzen und mit dem man nicht fahrlässig umgehen sollte. Ich glaube, dass Gesundheit sehr viel mit der inneren Einstellung zu tun hat. Es gibt Menschen, die sind rein biologisch vollkommen gesund und trotzdem ist für sie alles schlecht und sie fühlen sich nicht wohl in ihrer Haut. Ebenso gibt es Menschen, die körperlich oder geistig eingeschränkt sind und dies aber überhaupt nicht als solches empfinden, weil sie die Situation einfach als gegeben und nicht als krank empfinden. Man sollte dankbar sein, wenn man gesund ist, aber den aktuellen körperlichen oder geistigen Zustand stets als Ist-Zustand wahrnehmen und nicht in gesund oder krank unterteilen. Viele Menschen fühlen sich nur krank, weil sie der Meinung sind, dass ihre Einschränkung nicht mit der Gesellschaft konform ist.

Ein Baum, dessen Äste krumm und schief wachsen, würde niemand verurteilen. Der Baum wächst auch so in einer grünen Pracht. Doch ist ein Mensch davon betroffen, wird man oft von der Gesellschaft ausgegrenzt. Egal ob mit oder mit Einschränkungen. Beides ist eine natürliche Gegebenheit. Die Gesellschaft ist es, die daraus entweder Gesundheit oder Krankheit macht.

Ist es Unglück, nicht gesund zu sein?

❖ Im Prinzip habe ich diese Frage bereits mit der Frage 11 beantwortet. Nein, es ist kein Unglück. Es ist eine gegebene Situation, eine Variante der Natur, ob man mit oder ohne Einschränkungen sein Leben leben darf. Was zählt ist, was man daraus macht. Ich denke, nicht Gesundheit oder Krankheit machen das Leben aus, sondern das Leben selbst. Seit dem Tod meiner Eltern stehe ich morgens einfach nur am Fenster, sehe nach draußen in die Natur und denke mir, wie schön ist leben zu dürfen. Die innere Einstellung und die Menschen, die einem umgeben entscheiden darüber, was Glück oder Unglück ist, nicht der Gesundheitszustand. Und ich habe das Glück, von Menschen umgeben zu sein, die mich glücklich machen.

Danke Dir Ronni!

**Die Geschichte
von den
Glücks-Bohnen**

Es gibt eine Geschichte um eine alte Frau und ihre Glücksbohnen, deren Ursprung ich leider nicht kenne. Man sagt, es sei ein Volksmärchen aus dem Kongo.

Sie passt aber so gut zu unserem Thema, dass ich versuchen möchte, sie widerzugeben.

Sie spiegelt den festen Willen wieder, sich auf das Glück zu besinnen, es wahrzunehmen und auch anzunehmen.

Mit diesem Text möchte ich das Buch abschließen und wünsche Ihnen von Herzen, dass es ihnen gelingen möge, diese Weisheit mit in Ihren Alltag zu transportieren.

„Die Geschichte einer alten weisen Frau und die Glücks-Bohnen

Eine sehr alte weise Frau verließ ihr Haus nie, ohne vorher eine Handvoll Bohnen einzustecken.

Sie tat dies nicht, um unterwegs die Bohnen zu kauen, sondern sie nahm die Bohnen mit, um so die schönen Momente des Tages und somit des Lebens besser zählen zu können.

Für jede Kleinigkeit, die sie tagsüber erlebte – zum Beispiel eine fröhliche anregende Unterhaltung auf der Straße; den Duft eines köstlich duftendes Brotes; einen besonderen und wohltuenden Moment der Stille; das Lachen eines Menschen; ein freundliches Zunicken eines Passanten; eine Berührung des Herzens; einen schattigen Platz in der Mittagshitze – einen wärmenden Ort in der Winterkälte; das Zwitschern eines Vogels und Vieles, was die Sinne und das Herz erfreut, ließ sie eine Bohne von der rechten in die linke Jackentasche wandern.

Bei besonders wertvollen Erlebnissen waren es manchmal auch zwei oder drei Bohnen, die auf einmal die Jackentasche wechselten.

Abends saß die weise Frau zu Hause am Kamin und zählte die Glücksbohnen, die sich in der linken Jackentasche angesammelt hatten. Sie zelebrierte diese Minuten. So führte sie sich vor Augen, wie viel Schönes ihr an diesem Tag widerfahren war, freute sich darüber und konnte mit dieser Fülle an Schönem, an Erlebtem und dem Genuss darüber auch friedlich den Tag beschließen.

Sogar an den Abenden, an welchen sie nur eine einzige Bohne zählte, spürte sie dieser wertvollen und kostbaren Erinnerung nach. Denn so wurde jeder Tag für sie ein besonderer Tag, angefüllt mit Glück und Schönem!

Schlusswort

Hier stelle ich zum Abschluss noch einmal zwei Fragen:

„Wie glücklich wollen wir sein?"

und

„Setzen wir uns Grenzen

für unser Glück?".

Sich abschießend mit dieser Frage zu beschäftigen, finde ich deshalb sinnvoll, will wir nun schon so viel vom Glück und dem Weg dorthin gelesen haben. Das Nachdenken über die Reise zum Glück wurde also schon in Gang gesetzt und somit kann man sich auch mit der Frage beschäftigen, wie wir persönlich damit umgehen.

Oft fühlen wir uns selbst „schuldig", wenn wir glücklicher sind, als andere – das ist ein Paradoxem, was man eigentlich nicht verstehen kann. Denn Glücklichsein gehört zum Leben ebenso dazu, wie das Nicht-Glücklichsein.

Dalai Lama sagte sogar:

„Ich denke, dass der Sinn des Lebens darin besteht, glücklich zu sein!".

Ist dies nicht ein wundervoller Satz, der uns auch die „Erlaubnis" zum absoluten Glücklichsein gibt?

„Glück ist im Grunde nichts anderes, als der mutige Wille zu leben, indem man die Bedingungen des Lebens annimmt."

-Maurice Barres-

Das ist ein Fazit aus all meinen Überlegungen, dem Recherchieren und dem in „Worte fassen" für dieses Büchlein.

Solange wir den Willen haben zu leben und es uns bewusst ist, *dass* wir leben wollen, haben wir die Chance, das Glück zu sehen, anzunehmen und es auch zu genießen. Manchmal brauch man mehr Mut, manchmal weniger – aber wenn wir uns den „Bedingungen" stellen, sind wir schon mitten im Annehmen und können so auch unsere Augen für das Glück öffnen, es empfangen und leben.

Die Fähigkeit, überhaupt genießen zu können, ist meiner Meinung nach ebenfalls eine Grundvoraussetzung, um GLÜCK zu empfinden und zu zelebrieren. Nicht umsonst gibt es in Rehas und bei sonstigen Veranstaltern „Genuss-Kurse".

All diese Fähigkeiten wünsche ich jedem Leser von Herzen! Auch wenn manche Bedingungen sicherlich sehr hart sind, viele Betroffene noch dazu alleine sind, verlassen wurden oder keinen Weg mehr sehen können – wenn man aber nicht (mehr) gegen diese Bedingungen ankämpft, sondern sie annimmt, ist man schon auf dem Weg zum Glück. Denn dann stellt sich Zufriedenheit und auch Gelassenheit ein.

Alles Liebe und Gute wünsche ich Euch!

Heike Führ

Das GLÜCK
besteht nicht darin,
dass Du tun kannst,
was Du willst,

sondern darin,
dass Du immer willst,
was Du tust!

-Leo Tolstoi-

DANKE

Danke an meinen Mann Peter, der zum großen Teil an meinem Glück beiträgt und der mich immer wieder ermuntert, meine Gedanken auf Papier zu bringen. An meine Kinder und Schwiegerkinder, weil Ihr einfach SPITZE seid und mich ebenfalls unterstützt, sowie meine Eltern (deren Erziehung und Einstellung sicherlich einen großen Teil zu meinem „Handwerkszeug fürs Glück" beigetragen haben) und meinen Bruder mit Familie – Ihr wisst warum!

Danke an meine liebe Freundin Jutta Schütz, der ich in schriftstellerischer Form sehr viel zu verdanken habe und die mich auch mit diesem Buch wieder selbstlos begleitete. Mittlerweile ist sie nicht mehr „nur" meine Mentorin, sondern eine sehr liebe Freundin geworden. DANKE!

Danke an Anja für all Deine Ideen, Deinen Zuspruch und tägliche Aufmunterung und Dein „Da Sein" und „überhaupt" ☺ !

Danke an die vier tollen und offenen Interviewpartner – auch für Euer Vertrauen ☺

Ihr habt das Buch bereichert und mir nochmals Denkanstöße geliefert und tolle Impulse gegeben. Danke auch für Eure Freundschaft!

Danke an alle Leser
meiner bisherigen Bücher:

Ohne Euer tolles Feedback hätte ich niemals den Mut gehabt, mich an noch weitere Bücher heranzuwagen – Ihr alle bereichert dadurch mein Leben sehr.

Und natürlich auch ein Dank an alle Leser
dieses Buches

– ohne Leser ist ein Buch fast wertlos ☺

Quellen-Nachweis

www.dmsg.de

www.amsel.de

http://www.wikipedia.de

http://www.t-online.de/lifestyle/id_44881150/gluecksforschung-sechs-zutaten-fuer-das-persoenliche-glueck.html

http://www.gluecksarchiv.de/inhalt/gluecksrezepte.html

http://goo.gl/O3zbIA

http://www.gluecksarchiv.de/inhalt/gluecksrezepte.html

http://www.kids-top.de/psychologische-beratung-heddesheim/184-ein-rezept-zum-gluecklich-sein-frau-goethe.html

http://www.migrapolis-deutschland.de/index.php?id=2494

"MS: 2 Buchstaben, die eine vermeintlich geordnete Welt von heute auf morgen auf den Kopf stellen". So beschreibt Heike Führ den Tag ihrer Diagnosestellung. Wie sie ihren Alltag mit einer solch tückischen und bis lang noch unheilbaren Krankheit meistert, beschreibt sie vor allem mit viel Humor und reflektiert in einer gelungenen Mischung aus Problematisierung und Relativierung. Nie werden die Herausforderungen der Krankheit geleugnet und doch triumphiert immer ihr optimistischer Kampfgeist und zeigt eindrucksvoll und selbstkritisch ihren eigenen Weg der Lebensfreude. Die Autorin weigert sich zu resignieren und erzählt ihre kleinen Alltagsfreuden, gespickt mit den Unwägbarkeiten, die durch ihre MS-Symptome unweigerlich dabei sind. "Hallo MS": nicht mehr, nicht weniger. Ein Buch, das Mut macht und Hoffnung weckt, das Anteilnahme authentisch vermittelt, Hilfestellung für den Alltag gibt und sowohl Betroffenen, als auch Angehörigen einen Einblick in die emotionale Verfassung eines chronisch kranken Menschen bietet, Ängste und Sorgen aufzeigt, aber dabei immer nach vorne schaut und niemals vor Selbstmitleid trieft. Kurzweilig und sehr alltagsnah - somit für Jedermann interessant.

Dieses Büchlein ist ein Wegweiser durch den Dschungel der medizinischen Fachbegriffe und vor allem durch das Chaos der komplizierten Ausdrücke rund um Multiple Sklerose (MS). Aber auch viele andere chronisch Kranke werden hier ein sehr hilfreiches Nachschlagewerk finden.

Manchmal ist es einfacher, schneller und unkomplizierter, ein kompaktes Büchlein in der Hand zu halten, als sich durch viele verschiedene Bücher oder das Internet zu kämpfen. Deshalb ist das Buch einfach nur als Nachschlagewerk gedacht und befasst sich mit den gängigsten Begriffen rund um die MS. Von medizinischen Wörtern über psychologische Fachbegriffe und sonstige Therapien. Am Ende ließ es sich die Autorin nicht nehmen, noch einmal ein paar eigene Texte hinzu zu fügen. Diese passen perfekt zu ihrem 1. MS-Buch "Hallo MS", das ebenfalls im Rosengarten-Verlag erschienen ist. Außerdem passt dieses Lexikon der Fachbegriffe zu jedem anderen MS-Buch und ergänzt sie um ein Vielfaches.

Taschenbuch: 88 Seiten - Verlag: A.S. Rosengarten-Verlag; Auflage: 1. (3. April 2015) - ISBN-10: 3945015162

Nach dem erfolgreichen Erstlingswerk „Hallo MS" und dem kleinen Ratgeber „SEXUALITÄT/Tipps bei chronischen Erkrankungen", nimmt sich die Autorin diesmal den „UNSICHTBAREN SYMPTOMEN" der MS (Multiple Sklerose) an. Sätze wie „Du siehst gar nicht krank aus!", oder gut gemeinte Ratschläge, wie „Du musst Dich nur mal ordentlich ausschlafen", kann kein ernsthaft Erkrankter mehr hören. Heike Führ erklärt anschaulich die unsichtbaren Symptome der MS. Ihre Texte sind voller Emotionen, Optimismus, Lebensmut und auch Sarkasmus geschrieben. Sie beschreiben sowohl Betroffenen, als auch Angehörigen in aller Deutlichkeit, warum nicht sichtbare Symptome ebenfalls ein ernstzunehmendes Problem darstellen. Außerdem zeigt sie auf, wie kränkend es für Betroffene ist, wenn man diese Symptome nicht wahrnimmt und ihnen vor allem keinen Glauben schenkt. Nicht nur für MS`ler und Außenstehende, auch für viele andere chronisch Kranke ist dieses Buch Balsam auf der Seele.

Taschenbuch: 84 Seiten - Verlag: Books on Demand; Auflage: 1 (22. Januar 2015) - ISBN-10: 3734755646

Heike Führ

SEXUALITÄT

Positive Tipps bei chronischer Erkrankung

Intimität ist mehr als Sex - Wenn SEX zur Nervensache wird… Kaum ein Gebiet ist so intim, scham – und angstbesetzt, wie die eigene und die Paar-Sexualität. Und kaum etwas anderes in einer Beziehung macht uns so verletzlich. Dabei ist Sexualität eine wundervolle Möglichkeit, Nähe zum geliebten Partner herzustellen und zu halten, oder in schwierigen Lebensphasen nicht den „Kontakt" zueinander zu verlieren. Aber besonders wenn ein Paar mit der Diagnose einer chronischen Erkrankung, wie z. B. MS, konfrontiert wird, versteht man, wie wichtig es ist, sich gegenseitig zu begreifen. Hier hilft die Autorin mit Ratschlägen, die sie auf Grund vieler Recherchen und Interviews mit an „Multipler Sklerose" - Erkrankten führte. Aber auch für Singles hält die Autorin Vorschläge bereit! Alltagsnah und somit sowohl für „Gesunde" als auch für chronisch Kranke, ist dieses Buch ein Begleiter in Sachen Sexualität. Behutsam wird der Fokus auf das gegenseitige Verstehen und Vertrauen gelenkt und zeigt Gesprächs-Formen auf. Ein kurzweiliger und lebensnaher kleiner Ratgeber, der in keinem Haushalt fehlen sollte.

Taschenbuch: 68 Seiten - Verlag: Books on Demand; Auflage: 1 (24. September 2014) - ISBN-10: 3735793991

Dieses anrührende Kinderbuch beschreibt an Hand von dem süßen Mischlingshund Smiley und seinen beiden Freunden Fine und Balou anschaulich und sehr kindgerecht, was Multiple Sklerose (MS) ist. Smiley erklärt äußerst behutsam auf der Ebene des Kindes, wie sich MS äußern kann und wie es einem betroffenen Elternteil oder anderen betroffenen Angehörigen und Freunden mit MS gehen kann. Mit schönen authentischen Fotos und lustigen Geschichten aus seinem Hundeleben verknüpft er diese Botschaft so zartfühlend und hinreißend, dass Kinder bei der Begeisterung über den Hund Smiley und seine Freunde die Dramatik einer chronischen Erkrankung zwar begreifen, sie aber niemals als bedrohlich erleben. Die Autorin hat sich ihre jahrzehntelange Berufserfahrung als Erzieherin mit vielen pädagogischen und psychologischen Weiterbildungen zu Nutze gemacht und empathisch ein Kinderbuch, das auch gleichzeitig ein Ratgeber ist, geschrieben. Ein Buch, das man auch Erwachsenen zum besseren Verständnis der MS in die Hand drücken kann.

Der komplette Erlös geht an

den Tierschutzverein Santorini e.V.

Taschenbuch: 48 Seiten - Verlag: Books on Demand; Auflage: 1 (24. Februar 2015) - ISBN-10: 373476730X

MS (Multiple Sklerose) ist die Krankheit mit den 1000 Gesichtern. Autorin Heike Führ hat bereits 5 MS-Begleitbücher geschrieben und widmet sich hier jenen zwei UNSICHTBAREN Symptomen der MS, die sie aus eigener Erfahrung sehr gut kennt. Denn gerade die unsichtbaren Symptome schränken das Leben eines MS`lers ein, da sie man ihnen oft nicht glaubt. Die Fatigue und das Uhthoff-Phänomen belasten den MS- Alltag teilweise so allumgreifend und zerstörerisch, dass viele Betroffene bereits früh die Erwerbsminderungsrente erhalten und ihr Leben nach diesen beiden Symptomen ausrichten müssen. Mit wichtigen fachlichen Infos und ihren Geschichten beschreibt die Autorin diese beiden Symptome – einmal sachlich, dann wieder emotional und humorvoll. MS`ler werden sich in den Texten wiederfinden und Angehörige können endlich diese schrecklichen Symptome verstehen.

Bei Bestellung über (www.lesend-helfen.de) gehen 30% des Kaufpreises an die DMSG/ BAER (Kinder mit juveniler MS)

Taschenbuch 99 Seiten - Verlag: Esch-Verlag - ISBN: 978-3-95555-067-7

Meine Mentorin Jutta Schütz ist in mehreren Bereichen Bestseller-Autorin.

Low Carb für Berufstätige - Autorin: Schütz, Jutta - 56 Seiten

ISBN 978-3-7322-4328-0 - Verlag: Books on Demand - € 3,90

Ich schätze mich sehr glücklich, sie an meiner Seite zu haben und bin stolz auf ihre Leistung. Alle ihre Bücher sind sehr informativ und immer sowohl für Laien, als auch für Profis geschrieben. Das zeigt, dass sie einen unglaublich guten Schreibstil hat, der alle anspricht, niemals kompliziert und doch fachlich immer kompetent ist.

Unglaublich: schon wieder Platz 1 der Bestsellerliste!

(September 2015)

Autorin Jutta Schütz – der Name steht seit Jahren für Low-Carb; die besondere Ernährungsform! Und ununterbrochen stürmt sie die Bestsellerlisten – Heute schon wieder! Herzlichen Glückwunsch für so viel Erfolg! Aber der Erfolg kommt nicht unverdient. Schütz versteht ihr Handwerk und wartet immer wieder mit besonderen Ideen und Rezepten auf. Low Carb für Berufstätige IST ein Renner und das verdient!

„Mit 42 Rezepten in diesem Buch zeigt die Bestseller-Autorin „Jutta Schütz", dass man eine gesunde Ernährung im Beruf, Familie und Freizeit doch sehr gut unter einen Hut bringen kann. Ein kluges Zeitmanagement und die richtige Lebensmittelauswahl machen es möglich, in einer Low Carb Ernährung für Berufstätige und zuhause ruckzuck schmackhafte Mahlzeiten zuzubereiten. Ernährungsbewusste Arbeitnehmer kennen keine Leistungstiefs, sie halten sich fit mit der Low Carb Ernährung. Selbst kochen und Zeit sparen erfordert eine gute Planung. Die dreifache Menge an einem Tag gekocht, ergibt eine Mahlzeit für den nächsten Abend, für die Arbeit und zum Einfrieren. „Selbst kochen" muss nicht kompliziert sein. Mit den richtigen Rezepten macht das Kochen Spaß und in diesem Koch/Back-Buch kommen auch Vegetarier nicht zu kurz. Eine „Kohlenhydratarme Ernährung" bedeutet nicht auf Kohlenhydrate völlig zu verzichten. Diese Ernährung steht für eine verminderte Aufnahme von Kohlenhydraten. Die Befürchtung bei der Ernährungsumstellung eine Mangelerscheinung zu bekommen, kann widerlegt werden. Die LC Ernährung wird bei folgenden Krankheiten eingesetzt: Diabetes Typ 2, Rheuma, Gicht, Migräne, Verstopfung, Blähungen, Sodbrennen, Krebs, Epilepsie, Übergewicht, AD(H)S, Hautausschlägen, Akne, erhöhte Cholesterinwerte, Magen- & Darmgeschwüren, Entzündungsprozessen der Schleimhäute. Positiv könnte sich die Low-Carb Ernährung auch auf folgende Krankheiten auswirken: Schizophrenie, Parkinson, Alzheimer, Autismus, Wechseljahrbeschwerden sowie auch in der Pubertät."

Die Autorenseite: http://www.jutta-schuetz-autorin.de/

SCHEHERAZADE – der Orient hält Einzug

Jutta Schütz hatte eine wundervolle Eingebung: eine Reihe an orientalischen Kochbüchern – aber jedes anders und einzigartig. Es ist ihr gelungen.

Viele unterschiedliche Autoren beteiligten sich nacheinander an diesem Großprojekt. In der Einleitung erzählt die Autorin Schütz jeweils kurz die Geschichte von Scheherazade. Sie basiert auf einer alten persischen Märchensammlung mit dem

Namen Hezâr Afsâna, Tausend Mythen. Anschließend kommen die Rezepte des Autors. Die Autoren befinden sich auf der Webseite: http://www.jutta-schuetz-autorin.de/

Jutta Schütz klärt uns auf: „Wissenswertes über den Orient: Der Orient zieht sich fast um den halben Globus und umfasst den Nordafrikanischen Raum, den Nahen Osten und den Mittleren Osten. Die drei Weltreligionen, Christen- und Judentum und der Islam haben ihre Ursprünge im Orient. Zu den orientalischen Ländern zählen: Afghanistan, Algerien, Ägypten, Bahrain, Iran, Irak, Israel, Jemen, Jordanien, Katar, Kuwait, Libanon, Libyen, Marokko, Mauretanien, Oman, Pakistan, Palästina, Saudi-Arabien, Somalia, Syrien, Sudan, Tunesien, Türkei, Vereinigte Arabische Emirate. Mit ihren Gerüchen von: Safran, Cayennepfeffer, Zimt, Kurkuma und Koriander ist die orientalische Küche ein wahres Feuerwerk für unsere Sinne. Es werden Mandeln, Feigen, Datteln, Pistazien und Hülsenfrüchte angebaut. Bohnen, Linsen, und Kichererbsen dienen als Grundnahrungsmittel. Die orientalische Küche ist einfach märchenhaft."

Bis heute sind in dieser außergewöhnlichen Reihe folgende Bücher erschienen:

Scheherazades LOW CARB Rezepte (Jutta Schütz)

ISBN-13: 978-3735737519 (Verlag: Books on Demand)

Scheherazades Für Singles (Eva Schatz)

ISBN-13: 978-3735750600 (Verlag: Books on Demand)

Scheherazades LIEBLINGS REZEPTE (Heike Führ)

ISBN-13: 978-3735757340 (Verlag: Books on Demand)

Scheherazades Orientalisch eingefärbte Hausmannskost (Manfred Herrmann)

ISBN 13: 978-3734736964 (Verlag: Books on Demand)

Scheherazades FINGER FOOD (Marion Birkenbeil)

ISBN 13: 978-3734740367 (Verlag: Books on Demand)

Scheherazades verträgliche LOW CARB Küche (Sabine Beuke)

ISBN 13: 978-3734737596 (Verlag: Books on Demand)

Scheherazades Vegetarische Köstlichkeiten (Heike Führ & Jutta Schütz)

ISBN-13: 978-3735732699 (Verlag: Books on Demand)

Scheherazades Hackfleisch Rezepte (Katja Driemel)

ISBN-13: 978-3738603699 (Verlag: Books on Demand)

Scheherazades GESUNDE KOST (Jutta Schütz & Heike Führ)

ISBN-13: 978-3735732804 (Verlag: Books on Demand)